中央高校基本科研业务费专项资金项目——《甘青地区人口较少民族文化旅游产业助推乡村振兴战略实施途径研究》（项目批准号：2019SQN39　）

四川美丽乡村
文化记忆

智凌燕　刘兴全　崔　晓◎编著

四川大学出版社

SICHUAN UNIVERSITY PRESS

图书在版编目（CIP）数据

四川美丽乡村文化记忆 / 智凌燕，刘兴全，崔晓编
著 . 一 成都：四川大学出版社，2022.10
ISBN 978-7-5690-5667-9

Ⅰ . ①四… Ⅱ . ①智… ②刘… ③崔… Ⅲ . ①农村文
化－文化事业－建设－研究－四川 Ⅳ . ① G127.71

中国版本图书馆 CIP 数据核字 (2022) 第 176722 号

书　　名：四川美丽乡村文化记忆
　　　　　Sichuan Meili Xiangcun Wenhua Jiyi
编　著：智凌燕　刘兴全　崔　晓

选题策划：唐　飞　李天燕
责任编辑：唐　飞
责任校对：张艺凡
装帧设计：墨创文化
责任印制：王　炜

出版发行：四川大学出版社有限责任公司
　　　　　地址：成都市一环路南一段 24 号（610065）
　　　　　电话：（028）85408311（发行部）、85400276（总编室）
　　　　　电子邮箱：scupress@vip.163.com
　　　　　网址：https://press.scu.edu.cn
印前制作：四川胜翔数码印务设计有限公司
印刷装订：四川盛图彩色印刷有限公司

成品尺寸：170mm×240mm
印　　张：8
字　　数：118 千字

版　　次：2022 年 12 月 第 1 版
印　　次：2022 年 12 月 第 1 次印刷
定　　价：38.00 元

扫码查看数字版

四川大学出版社
微信公众号

前　言

　　乡村作为我国乡村文化的载体，孕育着优秀传统文化，承载了农耕文明的历史，是传统文化的见证人。乡村文化是中华民族文化的重要组成部分，是在乡村社会中以村民为主体，以农村社会生产方式为基础，在悠久历史发展进程中逐渐发展起来的乡村社会价值观、社会心理、行为方式等的集合。它体现着一个地区人们的精神文明风貌和集体的记忆。

　　我国地域辽阔，乡村分布广泛，呈现出千姿百态的风貌，有"小桥、流水、人家"的江南水乡，也有色彩朴素淡雅的皖南古村落，更有苍劲简约的西北民居。四川乡村由于特殊的地理条件与历史环境使其在长期发展过程中融合了不同地区的文化及特色，形成了独具魅力的多元乡村文化。在乡村的自然形态方面，古朴的旧宅、参天的古树、青石板铺成的老街、傍水而建的吊脚楼等都是四川乡村典型的风貌；而在社会形态方面，人们生活中的节庆习俗、礼仪习俗等各具特色的民风民俗也灿烂多彩。因此，深厚的文化积淀、田园牧歌式的生活状态使得四川乡村文化呈现出独特的魅力。

　　在漫漫的历史长河中，四川乡村文化得到了进一步沉淀，不少地方至今仍然保存着古色古韵、乡风淳朴的古村落和古建筑等有形资产以及所承载的乡村文化等无形资产。这些与现代城市的发展形成了鲜明的对比，使得四川乡村文化更具特色。而有的乡村，随着城市化进程的加快，原本独有的历史印记、文化特色在逐渐减少甚至消失，同化发展的趋势越来越强，因此我们在推动乡村发展过程中应更加珍视历史传承，延续乡村文化脉络，守护乡村文化生态，留住美丽乡愁，这具有重大的现实意义。本书立足于传播和普及四川美丽乡村文化，让更多人了解、发扬、宣传四川美丽的乡村文化，从而推动四川乡村发展。

　　截至 2020 年，住房和城乡建设部及国家文物局选定了 7 批中国历史文化名镇名村，其中四川地区共有 31 个国家级历史文化名镇、6 个国家级历史文化名村、53 个省级历史文化名镇、10 个省级历史文化名村。同时近年来，四川省也开展了各种各样的乡村评选活动，从不同角度展现四川乡村的美丽。本书限于篇幅原因选择了几个具有代表性的、影响较大的乡村进行重点介绍，包括它们的乡村美食、民居建筑、民间艺术、社会民俗等，以供广大读者分享，旨在增进广大读者对四川美丽乡村文化的认知与了解。

编者

2022 年 8 月

目　录

绪　论

党的十九大明确提出全面实施乡村振兴战略，强调农业、农村、农民问题是关系国计民生的根本性问题，必须始终把解决好"三农"问题作为全党工作的重中之重；通过乡村振兴的方式增强农村发展的活力，真正实现农村地区的脱贫，改善广大农民的生活质量。在此背景下，2018年9月四川省政府印发了《四川省乡村振兴战略规划（2018—2022年）》（以下简称《规划》），对四川省实施乡村振兴战略做了具体规划和整体部署，明确按照"产业兴旺、生态宜居、乡风文明、治理有效、生活富裕"的总要求统筹推动乡村振兴，全面推进农村现代化建设的进程。① 同时《规划》也对四川省乡村振兴的具体要求做出了明确的说明："到2022年，乡村振兴的制度框架和政策体系得到完善，主要农产品供给质量和保障能力显著提升，现代农业体系初步构建，农村一二三产业融合发展格局初步形成，农业对外合作能力加强；农村基础设施条件持续完善，'美丽四川·宜居乡村'农村人居环境显著改善；乡村优秀传统文化传承和发展更加有效，农民精神文化生活需求基本得到满足；以党组织为核心的农村基层组织建设明显加强，乡村治理能力进一步提升，现代乡村治理体系初步构建；城乡融合发展体制机制更加健

---

① 梁现瑞，李淼. 四川：坚持把实施乡村振兴战略作为新时代"三农"工作总抓手[N]. 四川日报，2018-09-09.

全，农村基本公共服务水平进一步提升，农村居民收入水平持续稳定增长。"① 乡村振兴是一项综合性的复杂工程，必须结合各种资源来促进乡村经济结构的调整，转变传统的发展理念，结合区域优势和特色来发展合适的乡村产业经济，助力当地产业结构升级，改善人居环境。

乡村振兴既要塑形，也要铸魂。文化是民族生生不息的情感寄托，是民族创造历史的智慧结晶，乡村振兴离不开乡村文化的滋养。人们在长期的乡村劳作和生产中积累和孕育了许多的乡村文化，如乡村族谱、家风家训、人文历史、村风民风、乡贤乡绅等。② 乡村文化凝聚着人文精神、传统价值，汇聚着乡村记忆、家国情怀，是挥之不去的乡愁。社会发展越进步，越需要振兴乡村文化。《规划》中提到，在发展经济的同时也需要重视精神文明的建设，即实现物质和文化的同步发展，进一步发扬优秀的巴蜀文化，推动农村文化市场的繁荣与发展，使乡村文化焕发新活力，真正实现乡村振兴。

那乡村文化是指什么呢？四川乡村文化又有什么独特之处呢？

乡村文化是在乡村这种特定环境下形成的特有文化，乡村文化中的主体主要是村民，即村民在长期劳作过程中形成的独特文化，村民们将这种文化进行传承和发展，使其能够流传后世。很多学者针对乡村文化提出了不同的定义，认为乡村文化可以划分为广义和狭义的两种类型，其中前者是指能够满足当地村民物质和精神需要，并与当地乡村的风俗习惯以及生活方式直接相关的文化；而后者则主要是指与精神需要相关的制度、设施以及价值观念等。现代乡村文化建设的代表是 20 世纪二三十年代，以梁漱溟和晏阳初为代表实施的乡村建设运动。梁漱溟认为："原来中国社会主要是在乡村的基础上形成，其主体也是乡村；各种类型的文化都是由乡村发

---

① 梁现瑞，李淼. 四川：坚持把实施乡村振兴战略作为新时代"三农"工作总抓手 [N]. 四川日报，2018－09－09.

② 杨佩. 让中原乡村更美 让河南农民更富 [J]. 协商论坛，2018（03）：28－31.

展而来，同时又为乡村而设——法制、礼俗、工商业等莫不如是。"① 有学者将乡村文化定义为："一般是指在乡村社会中，在一定的社会经济条件下形成的，以乡村村民为主体，建立在乡村社会的生产方式、生活方式基础上的文化，是乡村社会的认知方式、思维模式、价值观念、社会心理、行为方式的集中表现。"②

根据上述分析可知，乡村文化实质上属于一种区别于城市文化的文化类型，其主要形成于乡村长期的生产和生活习惯中，是广大村民参与农业生产过程中创造的精神和物质成果的总和，具有广泛的群众基础，因此属于一种带有浓厚的乡土气息和人文气息的文化。乡村文化主要涵盖乡村文化艺术（音乐、舞蹈、戏剧、曲艺、书画、文学等）、民俗民风（家风家训、村规民约）、文化遗产、自然风光以及服饰装扮等方面，其特征体现在生活性、地域性、时代性等方面。③

我国是农业大国，在几千年的历史中孕育了多样的乡村文化。在深厚的历史积淀下，乡村文化逐渐形成和发展起来，中华民族传统文化也与此同时慢慢形成和发展。因此，中华民族传统文化的很大一部分就是乡村文化，或者说，中华民族传统文化就是在乡村文化的基础上诞生的。虽然中华民族传统文化也包含城市文化，但乡村文化在城市出现之前就早已根植于本土了，所以经过长期历史积淀形成的乡村文化远不是城市文化尤其是现当代的城市文化所能比拟的。

四川乡村文化的形成发展与自然环境有着密不可分的关系。四川地处长江上游，被高山和高原所环抱，虽然地理空间相对封闭，但是群山之间的河谷逐步成为四川盆地中便捷的交通走廊。在四川盆地西部主要有大渡河以及岷江等水系，它们流经的横断山脉形成

---

① 林聚任，梁亮，刘佳. 乡村振兴战略背景下的乡村文明建设——基于山东的调查 [J]. 山东大学学报（哲学社会科学版），2019（01）：158—167.

② 孙运虎. 乡村文化建设探索 [J]. 当代小说（下），2019（08）：32—34.

③ 周思源. 关于四川乡村文化振兴的思考 [J]. 音乐探索，2019（02）：3—8.

了可通行的河谷，成为古代西南少数民族迁徙的南北走廊；而在四川盆地东部又有作为其出口的长江三峡；北部还有通往秦陇的剑门蜀道和通往汉中的嘉陵江河谷。正是由于独特的地理条件，巴蜀先民融合了各方的文化，使得四川盆地成为多元文化的聚宝盆，在远古时期就形成了比我国其他地区自律性更高的地域文化——巴蜀文化。巴蜀人一直在不停地繁衍生息，巴蜀文化也随着历史的发展而发展。在几千年前，已经有古蜀人在川西平原定居、劳作；到了西汉时期，四川的经济发展水平与整个中原地区相比已具有明显优势，无论是农业种植还是文化发展都处于当时的领先水平；到了东汉时期，成都的城市网络继续扩大和发展，周边地区的乡村也得到快速发展；到了隋唐时期，蜀地进一步繁荣发展，大量的文人墨客来到四川，进一步促进了各个地区文化的交流和融合；清康熙年间的"湖广填四川"促进了四川经济与文化的发展，巴蜀文化大量吸收并包容外来的客家文化，使得巴蜀文化呈现出新的风貌，奠定了近代巴蜀文化的基本格局。总之，巴蜀文化悠久的历史和灿烂的内容为后人留下了珍贵的文化遗产，形成了今天巴蜀文化的主要内涵，成为今天四川乡村文化的源泉之一。

中华文化博大精深，经过几千年的积淀，各种类型的文化成为留给世人的丰厚文化资产。从文化源头看，中华文化总体划分为两个体系，分别是长江流域和黄河流域，而在历史的长河中，两大体系由最初的独立状态逐步走向融合。在唐代时形成了巴蜀、关西等5个文化区，各个文化区随着人口的流动进一步出现了融合与发展，文化融合也成为一种发展的趋势。而在巴蜀并入秦国之后，中原文化进一步与巴蜀文化相融合，形成了独有的特色，体现出了更浓厚的历史文化气息。优美的自然风光，"一菜一格、百菜百味"的川味美食，丰富多彩的民风民俗，古朴典雅的历史古建筑等，都折射出四川乡村文化的异彩纷呈。

四川乡村文化呈现出多元的次区域文化结构。由于四川地区地形地势变化较大，各个地区的自然地理条件不同，导致不同地区的人们具有不同的民风民俗。四川是一个多民族聚居地，因此四川乡村文化不仅包含汉族的乡村文化，也包含藏、羌、彝等各民族的乡村文化。从地势条件来看，四川乡村文化有川西（平原）、川中（丘陵）、川南（丘陵及山区）、川北（山区）、川东（山区）等民俗文化次区域。此外，根据农业生产方式上的差异性，还可以划分为农业、牧业文化区等类型。从这个角度来看，四川乡村文化并不是单一或固定的，而是多层次、多维度的文化。乡村文化来源于当地的乡村，是广大村民在长期耕种和劳作中创造出的不同形式的文化遗产，而当前乡村文化的传承人也主要是乡村地区的村民。四川地区的非物质文化遗产绝大多数是乡村文化的直接成果，很多非物质文化遗产传承人都是农民出身或仍居住乡村社会之中。四川地区的民俗根植在乡村中，各个次区域的民俗文化特点在乡村中保持得最完备。

四川地区经过几千年的发展，乡村文化不断积累、变迁和发展。四川乡村文化既体现出对历史文化的传承又体现出从传统向现代的新发展，我们坚信，随着党和国家坚定不移地推动乡村振兴战略，四川美丽乡村文化将展现新的风貌。无论是广汉三星堆这样的历史古迹，还是蒲江明月村、崇州道明村这样的文创新村；无论是黄龙溪、柳江镇这样的历史文化古镇，还是迤沙拉村、莫洛村这样具有浓厚民族风情的乡村，每一处遗留下的印记都是一段巴蜀文脉的留香，可以触及从古至今的文化脉络。

千年历史谱新篇，美丽乡村展新颜，让我们去翻开四川美丽乡村文化的精美画卷吧！

第一部分　四川美丽乡村概览

　　一方水土养一方人。孕育一方文化。四川位于中国西部，全省幅员面积48.6万平方公里，人口8000多万，是中国西部的农业大省、资源大省和经济大省，也是国家"一带一路"和"长江经济带"的重要交汇点。由于四川享有优越的地理条件和经济条件，自古以来就享有"天府之国"的美誉。四川是人杰地灵的文化之邦，因为四川地处东西交融、南北过渡的地理位置，多年来既有利于糅合吸收东西民族之长，又是南北文化交流的要冲，所以长江、黄河两大流域文明的精华哺育出了巴蜀地区光辉灿烂的文化。四川乡村文化不仅是巴蜀文化的起源，也是四川广大劳动人民的情感寄托和精神家园。千百年来，四川不少乡村之所以至今仍然保持着古色古韵的建筑、淳朴的乡风，就是得益于各具特色的乡村文化的滋养与浸润。目前四川很多乡村都还保留着古村落、古建筑等有形资产以及附着于其上的无形资产，正是这些与城市同化发展形成鲜明对比的财富，才让乡村文化显得弥足珍贵。截至2017年年底，四川省共有乡（镇）级行政区划单位4610个。①

　　2019年，住房和城乡建设部及国家文物局公布了第七批中国历史文化名镇名村名单，四川有7个乡镇入榜第七批中国历史文化名镇（村）名单。截至2020年，四川共有国家级历史文化名镇31个，

---

　　①　四川省人民政府. 四川农村年检2018［M］. 成都：电子科技大学出版社，2019.

国家级历史文化名村6个；省级历史文化名镇53个，省级历史文化名村10个。具体见表1-1和表1-2。

表1-1　四川省国家级历史文化名镇（村）表

	国家级历史文化名镇	国家级历史文化名村	国家级历史文化名镇（村）数量合计
第一批（2003年）			
第二批（2005年）	邛崃市平乐镇、大邑县安仁镇、阆中市老观镇、宜宾市翠屏区李庄镇	攀枝花市仁和区平地镇迤沙拉村、丹巴县梭坡乡莫洛村	名镇4个 名村2个 名镇（村）共6个
第三批（2007年）	成都市双流区黄龙溪镇、自贡市沿滩区仙市镇、合江县尧坝镇、古蔺县太平镇		名镇4个 名镇（村）共4个
第四批（2008年）	巴中市巴州区恩阳镇、成都市龙泉驿区洛带镇、大邑县新场镇、广元市昭化区昭化镇、合江县福宝镇、资中县罗泉镇	汶川县雁门乡萝卜寨村	名镇6个 名村1个 名镇（村）共7个
第五批（2010年）	屏山县龙华镇、富顺县赵化镇、犍为县清溪镇	阆中市天宫乡天宫院村	名镇3个 名村1个 名镇（村）共4个
第六批（2014年）	自贡市贡井区艾叶镇、自贡市大安区牛佛镇、平昌县白衣镇、古蔺县二郎镇、金堂县五凤镇、宜宾市叙州区横江镇、隆昌市云顶镇	泸县兆雅镇新溪村、泸州市纳溪区天仙镇乐道街村	名镇7个 名村2个 名镇（村）共9个

续表1-1

	国家级历史文化名镇	国家级历史文化名村	国家级历史文化名镇（村）数量合计
第七批（2019年）	崇州市元通镇、自贡市大安区三多寨镇、三台县郪江镇、洪雅县柳江镇、达州市达川区石桥镇、雅安市雨城区上里镇、通江县毛浴镇		名镇7个 名镇（村）共7个
四川国家级历史文化名镇共31个 四川国家级历史文化名村共6个 四川国家级历史文化名镇（村）共37个			

数据来源：由中华人民共和国住房和城乡建设部公布的数据整理而来。

表1-2 四川省级历史文化名镇（村）表

	省级历史文化名镇	省级历史文化名村	省级历史文化名镇（村）数量合计
第一批（1992年）	成都青白江区城厢镇、成都双流县黄龙溪镇、成都新都区新繁镇、自贡沿滩区仙市镇、泸州泸县石桥镇、绵阳江油市郪江镇、广元旺苍县木门镇、广元剑阁县昭化镇、内江资中县铁佛镇、内江资中县罗泉镇、乐山犍为县罗城镇、宜宾翠屏区李庄镇、宜宾筠连县龙华镇、巴中巴州区恩阳镇、雅安雨城区上里镇、雅安石棉县安顺场		名镇16个 名镇（村）共16个
第二批（1995年）	成都大邑县安仁镇、德阳旌泉区孝泉镇、绵阳江油市青莲镇、眉山彭山县江口镇		名镇4个 名镇（村）共4个

	省级历史文化名镇	省级历史文化名村	省级历史文化名镇（村）数量合计
第三批（2005年）	成都龙泉驿区洛带镇、邛崃市平乐镇、邛崃市茶园乡、崇州市街子镇、崇州市怀远镇、崇州市元通镇、蒲江县西来镇、金堂县五凤镇、泸州泸县立石镇、泸州合江县尧坝镇、泸州古蔺县太平镇、南充阆中市老观镇、达州大竹县清河镇、眉山洪雅县高庙镇、眉山洪雅县柳江镇		名镇15个名镇（村）共15个
第四批（2009年）	大邑县新场镇、邛崃市火井镇、自贡市贡井区艾叶镇、自贡市大安区牛佛镇、富顺县狮市镇、富顺县赵化镇、古蔺县二郎镇、峨眉山市罗目镇、通江县毛浴乡、平昌县白衣镇、理县薛城镇	邛崃市平乐镇花楸村、泸县方洞镇石牌坊村、阆中市水观镇永安寺村、汶川县雁门乡萝卜寨村、茂县黑虎乡小河坝村、巴中市巴州区回风街道办事处大佛寺村、巴中市巴州区水宁寺镇始宁村	名镇11个名村7个名镇（村）共18个
第五批（2013年）	宜宾市宜宾县横江镇、内江市隆昌县云顶山镇、绵阳市三台县西平镇、自贡市大安区三多寨镇、阿坝州汶川县水磨镇、宜宾市长宁县双河镇、宜宾市江安县夕佳镇	泸州市纳溪区天仙镇乐道街村、阿坝州理县桃坪羌寨、阿坝州小金县两河乡两河村	名镇7个名村3个名镇（村）共10个
四川省级历史文化名镇共53个四川省级历史文化名村共10个四川省级历史文化名镇（村）共63个			

数据来源：由四川省人民政府办公厅川办函〔2013〕181号、川办函〔2009〕233号文和李后强著《古镇名村》① 公布的数据整理而来。

① 李后强. 古镇名村［M］. 成都：四川大学出版社，2015.

2017 年，农业部按照"政府指导、农民主体、多方参与、共建共享"的思路，经地方推荐、专家审核和网上公示等程序，150 个村庄入选 2017 年中国美丽休闲乡村，其中四川有 6 个村上榜入选，包括武胜县观音桥村、平昌县龙尾村入围特色民居村，平武县桅杆村、阿坝县神座村入围特色民俗村，彭州市宝山村、雅安市名山区红草村入围现代新村。

2017 年，中国名村影响力排行榜（300 佳）发布，四川省有 8 个乡村上榜，包括彭州市宝山村、郫县友爱乡农科村、广安市广安区协兴镇牌坊村、成都市温江区万村镇幸福村、邛崃市临邛镇文笔山村、广安市武胜县三溪镇观音桥村、甘孜州丹巴县聂呷乡甲居一村、阿坝州理县桃坪乡桃坪村。这些具有影响力的四川美丽乡村并不简单取决于人均 GDP 或人均收入，也不仅取决于经济总量和人均经济量，而取决于这个地方的自然环境、居住条件、安全状况、人际关系，以及村民气质、精神状态、主人翁感等。

为了传承四川乡村文化，使四川古镇古村落在新时代焕发新的活力，2018 年 11 月四川省启动了"四川最美古村落"评选活动，从 869 个省级以上传统村落中优选出 100 个村落重点培育，经过市州普查推荐、公众投票参与、专家评审打分等多个环节，网络投票总票数达 376 万张，最高村票数达 14.4 万张。广元市昭化区向阳村、自贡市贡井区李家桥社区、泸州市叙永县水洞子村、乐山市井研县民建村、攀枝花市米易县新山村、自贡市沿滩区仙滩社区、遂宁市安居区毗卢寺村、宜宾市江安县坝上村、绵阳市游仙区曾家垭村、广安市邻水县汤巴丘村等 40 个村上榜，获得了第一批"四川最美古村落"称号。

2019 年，四川省在全省范围内深入开展了 2019 四川特色村评选活动。经各地申报、市（州）初审、专家评审、资料查阅、网络投票、实地核查、公告公示等环节，共评选出成都市崇州市白头镇五星村等 10 个产业兴旺村，遂宁市安居区玉丰镇鸡头寺村等 10 个生态宜居村，达州市达川区百节镇三牌社区等 10 个乡风文明村，巴中市南江县正直镇长滩村等 10 个治理有效村，自贡市沿滩区黄市镇红旗村等 10 个生活富裕村。

因此无论是国家级、省级历史文化名村，还是不断评选出的最美村落、特色村寨等，这些都说明四川乡村具有深厚的历史文化底蕴和鲜明的特色，我们需要将美丽的四川乡村文化传承发展下去，推动乡村文化振兴，增强中华民族的文化自信，这也是不断满足人民日益增长的美好生活需要的时代要求。近年来，各种不同的乡村评选活动都从不同角度展现了四川乡村的美丽，本书限于篇幅原因只选择具有代表性的、影响较大的几类乡村评选活动进行重点介绍。

一、四川国家级历史文化名村

1. 攀枝花市仁和区平地镇迤沙拉村

（1）地理位置

迤沙拉村，一颗镶嵌在攀西裂谷的明珠，坐落于四川省攀枝花市仁和区平地镇东南部，东临金沙江，与凉山州会理县绿水乡隔江相望，距成都市约 690 公里，距昆明市约 283 公里，108 国道、京昆高速、成昆铁路纵贯全境，交通十分便利。

（2）乡村概况

"迤沙拉"为彝语的读音，其中"迤"译为汉语是水，"沙"是洒或漏的意思，"拉"则是下去，合起来语意为"水漏下去的地方"。迤沙拉村面积约 34 平方千米，400 多户村民高度集中地居住在金沙江河畔的大山深处。该村是四川省较大的少数民族聚居村，也是汉族和彝族高度融合而形成的一个独特群体。它既传承了古老彝族的民族特性，又融入了汉族的文化元素，有"中国第一彝族自然村"之称，彝族人口占总人口的 96%，属彝族中的理泼支系。①

---

① 普光泉. 迤沙拉里泼民俗文化初探 [J]. 攀枝花学院学报，2011（02）：5-9.

（3）独特的乡村文化

迤沙拉村历史悠久，始建于明洪武年间，距今有600多年历史。在历史上，这里曾是古南丝绸之路拉乍古渡的一个驿站，因长期的多民族交往和融合，形成了独具特色的理泼民俗文化，其文化属白彝文化，与大凉山黑彝文化不同。理泼的"理"是指女人，"泼"指男性，理泼就是女人勤劳智慧、男人健壮勇敢的意思。迤沙拉理泼民俗文化中尤以理泼建筑文化、理泼谈经古乐为著名。

迤沙拉村的建筑风格有着苏皖民居木瓦房的特色，房屋户型主要以小四合院为主，是古式大排枋架一楼一底的小青瓦楼房，一户一个"口"字形小院单列，均属土木结构，细部多有板壁装饰、木刻雕花，做工精细。房屋分布错落有致，高墙深巷，仿佛置身于江南小镇，户与户之间由1米宽的小巷道相通，片与片之间由2米宽大通道相连，整个村寨分布结构合理，绝无土地、阳光、空气之浪费的迹象。

迤沙拉村理泼谈经古乐具有悠久的历史，以其独特的艺术感染力，深受民间喜爱并逐渐被推广运用在迤沙拉村民间的各种庆典活动中，如庙会、寿宴、婚丧嫁娶仪式等。演奏的理泼谈经古乐主要有管弦乐和打击乐。管弦乐一般用笛子、二胡、京胡、三弦等乐器合奏，奏出的音乐古朴轻灵、悠扬婉转，堪称艺术奇葩。

在迤沙拉村，人文景观与自然景观交织在一起，该村2005年被评为"中国历史文化名村"。2012年入选第一批全国传统村落，2015年1月被授予"全国文明村镇"称号。①

2. 丹巴县梭坡乡莫洛村

（1）地理位置

莫洛村位于四川省甘孜州丹巴县梭坡乡，海拔在1900～2000米之间，三面环山，西临大渡河，地势由东北向南倾斜，系高山峡谷

---

① 中国历史文化名村——迤沙拉［EB/OL］.［2019-03-26］. http://www.scren-he.gov.cn/rhly/yjrh/1285919.shtml.

地貌，距丹巴县城东南方向约 7 公里，距康定市约 123 公里，途经 211 省道、318 国道，距成都市约 361 公里，途经 211 省道、成雅高速，交通十分便利。

（2）乡村概况

"莫洛"在藏语中的意思是环形地带。莫洛村面积约 0.2 平方千米，全村人口 225 人，51 户①，以藏族为主，少量汉族杂居。该村居民主要以从事农业生产为主，较为完整地保留着嘉绒藏族传统的民风民俗。

（3）独特的乡村文化

莫洛村历史悠久，一直被视为民族走廊。其最早可以追溯到先秦时期，西羌人南下，一部分羌人便留在莫洛村，到吐蕃占领时期又有部分吐蕃军队、随军奴隶和吐蕃移民留在当地与居民结合②，清乾隆年间大小金川战役之后，又有懂得较为先进农耕技术的汉人迁入，从而形成了独具特色的藏族文化。

莫洛村的建筑极具特色，均由碉楼民居与高碉组成，各碉楼结合地形穿插于村落之间，错落有致、疏密相间，总体上来看都是依山而居，既利于生产生活，又便于军事防御；同时，碉楼不仅建于村寨中，还散建于村与村之间或山谷中，形成了具有浓郁防御气氛的居住环境。③

过去莫洛村是以女性为中心，孩子跟着母系家庭，婚姻形式有一夫一妻、一妻多夫、一夫多妻、母系单亲家庭，以及从妇居的家庭模式等。莫洛村一直延续着古老而神秘的女儿国文化，迄今仍流行走婚习俗：顶毪衫。传统的"顶毪衫"活动流行于中路乡和梭坡乡一带，它是青年男女求爱和表达爱意的一种特殊方式。

---

① 徐君. 转型中的康区藏族村寨——丹巴县梭坡乡莫洛村考察报告 [J]. 西北民族研究，2004（01）：99-107.

② 徐君. 转型中的康区藏族村寨——丹巴县梭坡乡莫洛村考察报告 [J]. 西北民族研究，2004（01）：99-107.

③ 曹璐璐. 从莫洛古碉分析丹巴碉楼建筑整体价值 [J]. 建筑工程技术与设计，2016（19）：3247-3248.

莫洛村融合了特有的人文景观与自然景观，2005 年被评为"中国历史文化名村"，2012 年入选第一批全国传统村落。①

3. 汶川县雁门乡萝卜寨村

（1）地理位置

萝卜寨村位于四川省阿坝州汶川县雁门乡境内，地处九寨沟旅游环线和羌文化核心地带，距汶川县城 18 公里，距成都市约 150 公里，从成都出发途经蓉昌高速和都汶高速，车程约 2.5 小时便可到达。

（2）乡村概况

萝卜寨村坐落在岷江南岸海拔 2000 多米高的半山台地上，村寨比岷江河床高出 600 米，村寨地形平缓开阔，是岷江大峡谷半山最大的平地，被形象地称为"云朵上的街市""云朵上的村寨"。村寨依山而建，错落有致，是迄今为止我国羌族地区最大、最古老的黄泥羌寨。萝卜寨村是羌族聚居村寨，村民几乎全部是羌族。2008 年"5·12"汶川特大地震中，萝卜寨村用泥土和石块修建的房屋毁于一旦。在国家的帮助下，根据因地制宜的规划，夷为平地的老村寨按旧貌作为旅游景区重建，村民则迁出老村寨，在不远处重建住地。2009 年 1 月新寨竣工，一幢幢独具羌寨特色的羌房拔地而起，新的羌寨依山而建，比老羌寨海拔高 50 多米，新寨与山地自然景观融合，家家户户的小路连着环形的主干道，主干道蜿蜒通往萝卜寨村寨门和下山公路，使古老的萝卜寨村凤凰涅槃，重新焕发了生机。目前萝卜寨村核心区占地面积约 1 平方千米，共有 229 户，900 多名村民。②

（3）独特的乡村文化

古老的萝卜寨村建筑形态十分特别，整个寨子的建筑几乎都是

---

① 中国传统村落网站：http://www.chuantongcunluo.com/index.php/Home/gjml/gjml/wid/585.html。

② 谭斯颖. 汶川地震羌族古村落的景观变迁研究——以萝卜寨民居的演变为例 [J].四川戏剧，2016（12）：70－74.

黄泥筑砌而成，居于不同高程的黄泥地台上，建筑与环境浑然一体。几千年历史的萝卜寨村在建造的过程中以战争防御为核心思想，中心寨区的建筑几乎户户相连，层层叠叠，错落有致，屋面几乎连成一片，上屋顶即可通到数十家甚至百家。寨内巷道阡陌纵横，可以称得上古羌人最古老的街市，也是古羌人御敌的坚固壁垒。

萝卜寨村拥有丰富的非物质文化遗产项目，如释比、羌绣等，是数千年古羌人传承的历史瑰宝，它们承载着羌民族古老的文化，是存在于现实中的、动态的文化资源。萝卜寨村村民至今仍保留较为原始的宗教习俗，信奉万物有灵，崇拜大自然。古羌人最具传奇色彩的释比在萝卜寨村也得到了较好的保存和传承。

4. 阆中市天宫乡天宫院村

（1）地理位置

天宫院村是著名的历史风水文化名村，坐落于四川省阆中市城南 20 公里的天宫乡，距成都市约 252 公里，途经成巴高速、广南高速，交通十分便利。

（2）乡村概况

天宫院村辖 3 个社区 230 户，770 人，耕地面积约 698 亩，面积约 3.2 平方千米，建城区约 0.4 平方千米，有常住人口近 1000 人。[①] 该村地貌独特，四周以深丘为主，九山环绕，总体地形为盆地状，过渡带则是浅丘，中间平坝处有一个大石台，恰似一顶"圣冠"，故有"九龙捧圣"风水宝地之称。村域内交通便利，水和森林资源丰富，凤鸣河穿村而过，嘉陵江支流西河绕村而去，形成山水相依、薄雾缭绕的鱼米之乡。

（3）独特的乡村文化

天宫院村内保存有天宫院古建筑群，现为省级文物保护单位。

---

① 四川阆中天宫院村：风水文化名村 [EB/OL]．［2012－12－20］．http://www.tdzyw.com/2010/0813/25651.html.

袁天罡、李淳风都是唐朝著名的天文学家、历算学家，被后人尊称为中国风水文化鼻祖。天宫院是李淳风、袁天罡两位大师按照风水格局选择的一块风水宝地，他们两人晚年先后来此定居，在这里择地观天、著书立说，死后也都埋葬在这里，天宫院就是为纪念他们而建。天宫院所在地四周，围绕着有九条明显的山脉，山脉好像一条条蛟龙，从九个不同的方向汇集于天宫院。九条龙的龙头所在地，也就是天宫院的位置。

此外，庙会文化也是天宫院村的独特乡村文化，每年农历正月初二至正月十六这里都会举行锣鼓、八仙鼓、舞龙（狮）、皮影、川剧、放鞭炮、抬神像等民间文艺表演和巡游。

天宫院村于 2005 年被列为省级历史文化名村，2010 年被列为国家级历史文化名村。

5. 泸县兆雅镇新溪村

（1）地理位置

新溪村是泸州市保存最为完整的古街之一，位于四川省泸州市泸县兆雅镇，依长江之畔，是一座因长江水运而兴起的乡村。新溪村距兆雅集镇 2 公里，距泸州城区约 19 公里，距成都市约 285 公里，途经蓉遵高速，交通十分便利。

（2）乡村概况

新溪村位于长江北岸江湾处，村外正对长江，属于丘陵地带，整体修建于江岸高地丘陵顶部，地势东高西低，属于亚热带大陆型季风气候，气候温和，四季分明，年平均气温约为 18.1℃。新溪村现有居民 310 户，610 人，街道长约 800 米，建筑面积约 3 万平方米，房屋大部分是明清时期所建，街道修建于 500 多年前的明正德年间。

（3）独特的乡村文化

新溪村依长江之畔，具有较高的历史价值和丰富的文化内涵。在历史上，这里曾是长江上一个重要的水运码头，在明清时期繁荣一时，是泸县东部木材、食盐、粮食的集散码头，来往商船络绎不绝，每晚有上百只木船停靠在这里，灯火照亮长江沿岸，形成独特的江上夜景，具有浓郁的巴渝码头文化。

新溪村是明清时期兴起而繁荣的水运码头小村，其建筑风格也具有明清时期商业街区的特点，别具一格，具有很高的艺术价值和历史价值。老街街面呈东西走向，长约800米，街头街尾各建一门一石牌坊，古街中碉楼多为正方体建筑，主要是为防涝防匪而建。民居房屋大多临街而建，临街面为商店，前店后室，功能分明。其中最具有代表性的建筑是古街的杨家祠堂，由于新溪村大部分村民都姓杨，清朝时期就有"杨半场"之说。古街也是杨家祠堂倡议修建和重建的，故杨家祠堂就显得非常重要。杨家祠堂的建筑面积有近500平方米，祠堂造型独特、浑然一体，中间没有隔墙，全为大圆木支撑，上有"品"字房架，房架上再卡上房梁，大梁次梁再与角子垂直相扣，再盖上小青瓦，房上檐口高跷，房屋就显得坚固、雄伟。

新溪村还流传有神奇的民间传说。传说明代建文皇帝流亡到泸州，从中心场经陡坎子渡河到新溪这边，他用剑在河边的两块巨石上刻下了三座高塔，这塔被人称为"建文三塔"，他经过山坡上的古道时又畅饮道旁井水，这口井就被称为"建文龙井"，至今保存完好；从古街到长江码头的半山腰处，曾是张献忠"入川"时的用兵之地，能见两个对称的古堡分布在古道两侧，人称其为"双烛台"，河对面两处绿洲，酷似关公的大刀，于是过去有"河对门双关刀，河这边双烛台，文官去了武官来"的传说。

新溪村是具有深厚传统文化底蕴的古镇，现为四川省文化先进镇、泸州市小康镇、泸州市最佳文明单位、泸州市卫生集镇，也是著名的四川花木之乡，泸州酒业大镇。

6. 泸州市纳溪区天仙镇乐道街村

（1）地理位置

乐道街村坐落于纳溪区中部永宁河畔，地处四川、云南、贵州、重庆四省市接合处，成渝一小时经济圈和川南经济带腹地，乐道街村距纳溪城区约18公里，距泸州城区约35公里，距成都市约300公里，途经蓉遵高速、夏蓉高速，车程约4小时便可到达，交通十分便利。

（2）乡村概况

乐道街村原名兴隆场，占地面积约 0.1 平方千米，现有常住人口 120 人。① 乐道街村是沿着永宁河与状元溪交汇的外侧河岸修建的村庄，因河水在此形成回水区，水域变深，河面变宽，便于各类船只停靠，这里便成了天然码头和驿站。明代时期就初具村落规模，鼎盛时每日有 200 余只大木船在此码头装卸货物，兴盛的码头贸易使得该村出现乐道古街集市。清代光绪年间，状元骆成骧经过此地，当地百姓为纪念他，改名为"骆道场"，后因历史的演变，逐渐称为"乐道场"。

（3）独特的乡村文化

乐道街村历史悠久，传统文化底蕴丰富，至今仍然保留着大量的历史文化遗存：有清朝道光年间复建的禹王宫、康熙年间修建的南华宫等历史传统建筑；有清朝状元骆成骧赴京赶考时经过的状元桥；有建于清朝咸丰年间用于保护古镇村落安全的寨门、具有川南传统建筑风格的吊脚楼、杆栏式民居等；还有全国闻名的文物保护单位"抗战小学"。

除此之外，乐道街村还有被列为四川省非物质文化遗产的"天仙民歌"和"永宁河船工号子"，其丰富的文化内涵充分体现了乐道村民劳动生产中的智慧和独具川南地域特色的民俗文化。

二、四川省级历史文化名村

1. 邛崃市平乐镇花楸村

（1）地理位置

花楸村是邛崃市平乐镇下辖的乡村，坐落于邛崃市西南山区，

① 乐道街村［EB/OL］．［2019－7－2］．http://www.chinaymxc.com/spots/show_1406.html.

位于国家级历史文化名镇——平乐古镇境内。花楸村西北部与火井镇、油榨村接壤，北部与水口镇接壤，是平乐镇最远的行政村。花楸村距平乐古镇核心区约 15 公里，距邛崃市约 25 公里，距成都市约 109 公里，从成都出发途经成名高速或成温邛快速路，车程约 2 小时便可到达，交通十分便利。

（2）乡村概况

花楸村四周群山环绕，树木葱茏，溪流潺潺，是风景秀丽的省级历史文化名村。该村至今保留着较为完好的明清时期古建筑，其历史文化积淀深厚，是一个典型的传统农耕村落。该村村域面积约 12 平方千米，平均海拔约 1000 米，人口约 1600 人，下辖 24 个生产小组。[①]

（3）独特的乡村文化

花楸村地处山区，境内植被绿化率达 80％以上，人与自然和谐相处，是邛崃市著名的生态村。花楸村独特的自然环境以及地理条件非常适宜茶叶的种植，其出产的茶芽色泽光亮翠绿，外形扁平饱满，所制成的茶叶鲜醇回甘，浓郁耐泡，品质极好。清朝时期，花楸茶以其独特的品质作为皇家御茶而闻名天下，"花楸贡茶"便因此而得名，康熙皇帝还特地御题邛州花楸堰为"天下第一圃"。

花楸村除了盛产贡茶以外，还是一个盛产竹木的造纸之地，有着悠远绵长的造纸历史。由于其气候温和湿润，水资源丰富，降雨量较大，村内万亩竹海郁郁葱葱。早在宋朝，该村出产的慈竹就闻名他乡。现花楸村内仍保存了多处造纸作坊遗址，有的遗址甚至直到近代才停止使用，可见花楸村纸文化的辉煌灿烂。

花楸村众多古院落主要集中在半山腰上，其建筑结构精美独特，现存的建筑基本为明清时代的民居。该村中的徐家大院、李家大院等都保存完好、规模宏大，如李家大院仅占地面积就有 13000

---

① 成都邛崃市平乐镇花楸村［EB/OL］．［2018－01－05］．http：//cdagri．chengdu．gov．cn/．

多平方米，房屋共有 149 间①，这些都是花楸村古建筑辉煌的体现。该村民居风格为川西民居样式，采用传统的穿斗结构，结合台、梁、阁等建筑构件，均为木质材料。院内木雕、石刻等工艺精湛，与传统建筑相得益彰，集中反映了明清时期的民居建筑风格和工艺水平，具有独特的历史价值。

花楸村历史悠久，文化积淀深厚，尤其是该村灿烂的茶文化和造纸文化，体现了独具魅力的四川乡村文化。村内明清时期的川西民居建筑展现了四川乡村中能工巧匠的精湛技艺，其建筑保存之完好，规模之大，实属少见，拥有很高的历史文化价值，是一座具有深厚乡村文化底蕴的传统村落。

2. 泸县方洞镇石牌坊村

（1）地理位置

石牌坊村隶属于泸州市泸县方洞镇，位于四川省东南部，泸州市北面，地处四川省与重庆市的交界地带，也是泸县、隆昌市、荣昌区三地交界之处，与薛湾村、董湾村等乡村相邻。石牌坊村距泸县约 17 公里，距泸州市约 50 公里，距成都市约 250 公里，从成都出发途经渝蓉高速、南渝泸高速或厦蓉高速，车程约 3.5 小时便可到达，交通十分便利。

（2）乡村概况

石牌坊村依山傍水，境内草木葱茏、水光山色、清静怡人。全村面积约 4 平方千米，辖 11 个村民小组，1300 多户，4700 余人。石牌坊村历史悠久，文化底蕴深厚，是典型传统农业生产型村落，现为四川省省级历史文化名村，是第二批列入中国传统村落名录的村落。

（3）独特的乡村文化

石牌坊村人杰地灵，文化底蕴深厚，村内至今仍完好地保留着20 座古庄园、古桥、古井、石牌坊和上百年的古树，其中以全国重

---

① 王静，吴展彪，周振玉. 传统村落保护现状及发展研究——以邛崃市平乐镇花楸村为例 [J]. 价值工程，2019（24）：109−110.

点文物保护单位屈氏庄园最具代表性。[①]

屈氏庄园始建于清朝道光年间，起始于当时任知事的屈应选。屈氏家族在清末民初时期是当地富甲一方的名门望族，享有崇高的威望和地位，其家族人口众多，为了家族成员生活的方便，在当地修建了大量庄园，形成了规模巨大的屈氏庄园群组，在整个庄园群组中又以石牌坊村的屈氏庄园为核心，是整个庄园群的精髓所在，是中国乡村典型的家族式生活方式。整个村落以屈氏家族为中心，经过几代人的用心经营，到了屈应选孙辈屈恒升的时候，整个庄园建筑达到顶峰，庄园群功能完备，生活起居、娱乐休闲等设施一应俱全，总占地面积达 0.1 平方千米之多。[②] 目前石牌村保留着大量的历史文化遗迹，不仅有韩田铺、横房、厅房、屈园子等 10 余处庄园，还有古井、古石墓、古石刻。

屈氏家族非常注重庄园的防御功能，因清末民初时当地土匪猖獗，为保卫家族安全，屈氏庄园两层大门分别连接着两层围墙，并在庄园东、西、南、北 4 个方向分别修建了 4 座碉楼，形成了严密的防御体系，登上碉楼即可俯瞰并坐镇把守整个庄园。庄园内采用了中轴线对称的传统布局方式，每处庄园均包括数十个院落，大门、上堂、后厅等主要建筑在中轴线上依次排开，两侧则是居室、厨房、花园以及上下马房、佣人住所等附属建筑。石牌坊村屈氏庄园不仅是四川省第二大庄园民居建筑，也是川南、西南乃至全国独特的民居建筑典范。

3. 阆中市水观镇永安寺村

（1）地理位置
永安寺村属阆中市水观镇所辖，坐落于大巴山余脉大仪山系中

---

① 泸州泸县石牌坊村：村落保护带来村民新期待［EB/OL］. ［2016－07－05］. http://sc. wenming. cn/mlsc/bsfq/201607/t20160715_3531033. html.

② 李志新. 川南地主大院群——石牌坊村屈氏庄园群［J］. 小城镇建设，2013（05）：16－17.

诸葛山尾部,与金垭镇、大垭乡、宝台乡、福星乡接壤。该村位于水观镇西北方向 5 公里处,距阆中市约 45 公里,距成都市约 300 公里,从成都出发途经成巴高速、兰海高速或沪蓉高速、遂西高速,车程约 4.5 小时便可到达。

(2) 乡村概况

永安寺村是由原水观镇妙城观村、永安寺村、黄村沟村合并而成的。该村四周群山怀抱、风景秀丽、物产丰富。目前全村有 738 户,2454 人,以传统农业为主。全村面积 9.7 平方千米,耕地面积 2151 亩,2015 年成为第三批列入中国传统村落名录的村落。①

(3) 独特的乡村文化

永安寺村因永安寺而得名。永安寺依黄泥岗山势而建,永安寺村形如黄龙之头,永安寺恰好建在龙头上,有龙滩河绕寺而流。永安寺是一座狭长的三进四合院庙宇,由山门、观音殿、东西厢房和大殿组成。寺庙布局合理且完备,四周群山层峦叠嶂,葱郁的树林掩映着庙宇,风景秀美。根据现存文献、碑记的记载,永安寺始建于唐,以后各代均有小规模培修,而规模较大者当为元代至顺二年(1331)增修大殿和明代嘉靖二十年(1541)培修寺庙。四川地区潮湿多雨,木材极易受到潮气的侵蚀,这样的气候对古建筑保存极为不利,所以四川古代许多著名的古建筑都已荡然无存,永安寺大殿得以保存至今,实在难得。2001 年 6 月,永安寺经国务院批准,被列为全国重点文物保护单位。②

永安寺村历史悠久,丰富多彩的民风民俗孕育了灿烂的乡村文化,该村至今还保留着具有历史文化底蕴的川剧、川北灯戏等。在永安寺村,每逢佳节或红白喜事时全村男女老少都要观看传统川剧,这已成为该村的民俗传统,川剧在这里得到了很好的保护与传承。

---

① 阆中市水观镇永安寺村委会关于构建警民亲活动示范村建设 [EB/OL]. [2011-07-28]. https://wenku.baidu.com/view/f6f62cd176a20029bd6462d7f.html.

② 朱小南. 阆中永安寺大殿建筑时代及构造特征浅析 [J]. 四川文物,1991 (01):67-69.

4. 汶川县雁门乡萝卜寨村

汶川县雁门乡萝卜寨村 2008 年入选中国第四批国家级历史文化名村，2009 年入选第四批四川省级历史文化名村。详见前文。

5. 茂县黑虎乡小河坝村

（1）地理位置

小河坝村属茂县黑虎乡所辖，位于茂县西北的群山之中，在高山河谷区，海拔为 2104 米，属于高原地带，处在龙门山地震断裂带上，距茂县城区约 30 公里，距成都市约 200 公里，从成都出发途经都汶高速、兰磨线，车程约 4 小时便可到达。

（2）乡村概况

小河坝村是黑虎乡的乡政府所在地，是典型的山区农业型乡镇，地势西高东低，地貌以高山峡谷为主，西面高山上的冰雪融化后便顺势向东汇流成河而下，境内树木葱郁，自然植被较好，环境优美，是农业型乡镇，蔬菜、果林等与山体河流自然景观共同构成一幅美丽的画卷，由茂县进入小河坝村让人产生仿佛来到"世外桃源"的感触。村域面积 4 平方千米，由 38 户羌族居民组成，村民共计 134 人，种植特色水果、蔬菜、花椒和玉米是当地村民最主要的收入来源。[①]

（3）独特的乡村文化

四川省阿坝藏族羌族自治州茂县黑虎乡小河坝村，也叫"黑虎寨"，其名源于当地的一位英雄。根据当地老百姓的传说，由于以前经常有掠山夺寨的匪民抢劫羌民，当地一位足智多谋、智勇双全的"杨四将军"领导羌人英勇抗敌，深受羌民的爱戴和尊崇。传说他头戴黑色虎头帕，也有传说他是天上"黑虎星"下凡，所以当地人都称他为"黑虎将军"，"黑虎羌寨"也因此得名。而黑虎将军在

---

① 黑虎羌寨探古韵 [EB/OL]. [2016-08-12]. https://m. sohu. com/a/110247924 _345135.

一次战斗中不幸中了敌人的暗箭，壮烈牺牲。寨子里的人们为了悼念黑虎将军，全寨包白帕，穿白衣、白鞋为他戴孝悼念，并大家约定"戴孝万年"。时至今日，当地妇女还为祖先几百年前许下的承诺而日复一日地戴着重孝，这种孝仪万年不改。几百年过去了，没人违背当年的约定，因此当地羌人又被称为"白头羌"。

小河坝村中有一组石碉群，是"白头羌"于明朝始建。碉楼有四角、六角、八角、十二角碉，还有碉式民居，其特点是其鱼脊背构造，使结构有一定弹性。历史上，小河坝村碉楼数量最多时达200余座，但许多碉楼没有经过千百年的时间考验，自然风化和人为因素让许多碉楼在历史长河中坍塌。2008年前，小河坝村鹰嘴河组的古碉楼还剩下20座。令人遗憾的是，"5·12"汶川特大地震让12座碉楼受损严重，无法修复。剩下8座受损较轻的碉楼，则在灾后重建时得到了修复。现石碉群已被列入全国重点文物保护单位。2019年12月31日，小河坝村被国家民族事务委员会授予第三批"中国少数民族特色村"。

6. 巴中市巴州区回风街道大佛寺村

（1）地理位置

大佛寺村位于巴中市巴州区的巴河岸边，是四川省巴州区回风街道下辖的行政村，与回风大桥相邻，背靠莲花山，距离巴中市城区约2.5公里，与回风社区、龙舌坝社区相邻，距成都市约350公里，从成都出发途经沪蓉高速、成巴高速，车程约4.5小时便可到达。值得一提的是，在大佛寺村民营企业家何长林的捐助下，2010年大佛寺村启动了村道路拓宽改造工程，2011年大佛寺村拓宽道路建成通车，极大地改善了大佛寺村的交通条件。

（2）乡村概况

大佛寺村地处城郊接合部，具有特殊的区域优势，紧邻巴河。目前该村已建成3.5公里水泥路，村内交通四通八达。大佛寺村大力打造乡村旅游品牌，发展观光农业，有多家以种植桃、枇杷为主的果园，开设了多家特色农家乐。

（3）独特的乡村文化

大佛寺村因大佛寺而得名。大佛寺沿江而建，最初建于隋朝，在唐朝达到鼎盛。据大佛寺内碑文记载，大佛寺在唐朝鼎盛时期有石龛1000多龛，寺庙僧人达200余人，可谓规模宏大。现正对大佛寺进行重建修复，2018年大佛寺已经完成第一期工程，寺内建筑精美且具有皇家寺院的威严，目前大雄宝殿、三圣殿都修缮完成，殿内金碧辉煌，大雄宝殿内的大佛是我国规模较大的室内大佛，约16米高。目前为实施乡村振兴战略，推动镇村一体建设，巴中政府以大佛寺为景观中心，积极打造了以自然山水观光、禅宗文化感受为核心的禅意自然观光区，重点推出禅香佛影景点，围绕大佛寺增设竹林、莲河、浴场等景点。

7. 巴中市巴州区水宁寺镇始宁村

（1）地理位置

始宁村（后改名为水宁村）是巴中巴州区水宁寺镇下辖的行政村，位于距巴中城东30余公里外的水宁镇。这里曾是古代巴蜀地区通往汉中的古道，地处巴中至达州、通江公路的三岔口上，古往今来，皆是南北交通要道，是蜀道米仓道必经之路。水宁村距成都市约380公里，途经成巴高速、恩广高速或沪蓉高速、银昆高速，车程约4.5小时便可到达。水宁村境内道路硬化率达100%，村组道路通畅。

（2）乡村概况

水宁村紧邻水宁寺场镇，辖8个村民小组，面积约5平方千米，约400户，1600人，耕地面积2100亩。[①] 近年来，水宁村以加快产业发展，带动村民致富为目的，大力种植猕猴桃，发展猕猴桃产业，并建设了红心猕猴桃产业园区，已培育出红心和黄心猕猴桃

---

① 水宁寺镇人民政府. 水宁寺镇水宁村2010—2020年总体规划［EB/OL］. http://www.bzqzf.gov.cn/.

5000 亩，并力争达到 8000 亩。①

（3）独特的乡村文化

现今水宁村的水宁寺已无存，寺前沿水宁河西岸约五百米的石岩上遗存有唐代石窟，现存造像 27 龛，近 300 躯，其主要为彩雕人物像，石像或坐或站，姿态各异，有栩栩如生的"释迦说法像""药师三尊变""观音菩萨""天龙八部像"等。其中最精彩的是 1、2、8 号佛龛，1 号佛龛"药师佛"的立姿和手持法器，2 号佛龛的天王、力士和足穿十字形结带草履，以及 8 号佛龛的"天龙八部像"等都有别于其他摩崖造像。

这些造像多为盛唐作品，少数为晚唐雕刻。水宁寺摩崖造像体现了古代匠师们在雕造和彩绘中卓越才能的发挥，他们娴熟地运用了高浮雕和圆雕技法，创造出了佛、菩萨、飞天等栩栩如生的造像，堪称我国唐代石窟艺术中的高水平作品。

8. 泸州市纳溪区天仙镇乐道街村

泸州市纳溪区天仙镇乐道街村 2013 年入选第五批四川省级历史文化名村，2014 年入选中国第六批国家级历史文化名村。详见前文。

9. 阿坝州理县桃坪羌寨

（1）地理位置

桃坪羌寨坐落于四川西北部理县杂谷脑河畔，距理县城区约 40 公里，距汶川城区约 16 公里，距成都城区约 160 公里，从成都出发途经文昌高速、都汶高速，车程约 2 小时便可到达。桃坪羌寨是一座有着悠久历史和灿烂文化的典型少数民族村寨，寨内一片黄褐色的石屋顺陡峭的山势逐坡上垒，其间碉堡林立，是羌族建筑群落的典型代表。

---

① 巴州区政府办公室. 巴州区水宁寺镇水宁村建设新农村做到产居结合［EB/OL］. http://www.bzqzf.gov.cn/.

（2）乡村概况

桃坪羌寨有着2000多年的历史，是一座保持着古朴风情的原始羌族村寨，也是目前世界上保存最完整且仍有人居住的碉楼民居建筑群。为防御敌人侵略，在地上，寨中所有的房屋都互相连接，形成布局严密的路网；在地下，屋下有着完善的地下水网；在空中，屋顶相通，从而形成了地上、地下、空中三位立体交叉的道路网络和防御体系，进入巷道，就像进入"迷魂阵"，其建筑工艺之精湛，构思之独特，有"羌族建筑艺术活化石""神秘的东方古堡"之称。目前，寨中有居民约150户496人，其中99%的居民为羌族。

（3）独特的乡村文化

桃坪羌寨最初名为"赤溪寨"，因当地溪水中的红色石头而得名。后因桃坪羌寨陶、殊二氏先民居住与此遍种桃树，春红秋果，后人为怀念祖先，便改名为"陶殊坪"，也叫"桃子坪"，简称"桃坪"。寨子中最具特色的莫过于碉楼，均有9层30米高，是桃坪羌寨的标志性建筑。桃坪羌寨历史上有6座碉楼，后来损坏了3座，现仅存有3座。碉楼的神奇之处在于施工不用钢筋、混凝土，也不绘图、不吊线、不用柱架支撑，全凭修筑者用片石与黄泥砌成，结构匀称、棱角突兀、雄伟坚固、精巧别致；同时，碉楼的墙面砌出了一个波纹，使墙面正中出现了一个从顶到底的菱角，菱角两侧的墙面又柔和地内弯，使墙面开张成鼻状，这也使得楼房所受压力通过这一曲线波纹分流扩散起到了很好的地力分散和稳固作用，使其历经千年风霜雨雪而屹立不倒。

在2018年的"5·12"汶川特大地震中，桃坪羌寨的老寨虽主体建筑完好，但寨内一些碉楼和房屋还是在一定程度上受到了损坏。国家有关部门对桃坪羌寨进行了抢救保护性工程，先后投入了大量资金并沿用传统的工艺技术和原材料修缮了寨内被损坏的碉楼、暗道、老寨庄房、地下水网等百余个建筑主体。同时为了更好地保护和传承羌族文化，震后在湖南省的对口援建帮助下，新建了桃坪羌寨新区，占地面积约120亩，包括古羌文化演艺中心、释比文化祭坛、古羌历史博物馆、古羌文化传习所、古羌文化展示传播中心，如图1-1所示。目前，桃坪羌寨形成了老寨与新区一体的羌寨旅游区，古羌族文化既得到了保护与传承，又极大地提升了桃坪羌寨的旅游服务功能，实现了保护与开发的有机统一。[①]

图1-1　桃坪羌寨新区

桃坪羌寨有别于传统古城4门（东、西、南、北各一门）的形式，筑以碉楼为中心呈放射状有8个出口，出口连接着13个通道组成四通八达的路网，让本寨人进出方便自如，对外人又极具迷惑性，像走进了迷宫。通道各处均设有供射击的暗孔，既可埋伏，又可互相支援。寨房相连相通，外墙用卵石、片石相混建构，斑驳有致。此外，在羌寨的地下还挖掘了众多的引水暗渠，并用石板镶嵌

———————————

① 张顺程. 基于精明收缩的桃坪羌寨传统村落保护研究［D］. 成都：成都理工大学，2017.

成暗沟，从 5000 多米高的雪山上引来的泉水，通过暗沟流到每家每户，揭开活动的石板就可取水。战争时期，地下水网既可避免被敌人切断水源的危险，又可成为传递信号和逃生的暗道。桃坪羌寨的迷宫巷道是古羌人给敌人摆下的"迷魂阵"，体现了高超的建筑艺术和军事防御水平，具有极高的艺术价值和研究价值。

桃坪羌寨既各自为政又浑然一体的建筑风格是羌族建筑的典型代表。它虽历经沧桑，但仍散发着活力。羌民们至今还居住在桃坪羌寨内，仍然保留着古羌族传统的习俗，呈现出一种简单朴素的生活状态。

10. 阿坝州小金县两河乡两河村

（1）地理位置

两河村位于小金县城北面，可谓小金县的北大门。该村距小金县城约 70 公里，处于通往州府的交通要道上；距阿坝州约 70 公里，交通十分方便，也是小金县两河乡乡政府所在地；距成都市约 320 公里，从成都出发途经蓉昌高速、都汶高速、中国熊猫大道和 S210 公路，尤其是 2010 年中国熊猫大道映卧段全线恢复通行和巴郎山隧道建成投用，大大缩短了小金县至中心城市的车程，车程约 7 小时便可到达。

（2）乡村概况

梦笔河（发源于小金县北面的梦笔雪山）和虹桥河（发源于小金县的东面虹桥雪山）相汇形成了地势平坦开阔的绿洲，两河村便坐落于河谷地带的三角形绿洲上，村名也由此得来。

两河村风景秀丽，气候宜人，海拔 3000 多米，辖 5 个村民小组，有 321 户 1099 人。独特的地理环境使得两河村自然环境秀美；历史的邂逅，造就了两河村红色的根基。[1] 2008 年 "5·12" 汶川特大地震发生后，两河村在江西的对口援建下基础设施建设得到进一

---

① 尽心竭力建精品村寨，抢抓机遇兴支柱产业——小金县"三百"示范工程精品旅游村寨建设纪实 [N]. 阿坝日报，2010-11-03.

步完善，街道农房得到了改造，全新打造了占地面积5000多平方米的红军长征两河口会议纪念馆，两河口会议旧址得到较好的修缮。场馆内以"胜利会师决策北上"为主题，分多个不同展厅并充分运用多媒体技术生动形象地展示了红军在小金县战斗生活的历程，彰显了两河村深厚的红色旅游文化的魅力。

（3）独特的乡村文化

两河村本是小金县一个普通的小乡村，但却成为中国革命史上一颗璀璨的明珠，这都源于1935年6月红军长征在这里召开的具有重大历史意义的"两河口会议"。当年中央红军翻雪山过草地，冲破敌军的防线与围追堵截，红一方面军与红四方面军在四川懋功县达维镇胜利会师，在两河口召开了"两河口会议"，会议确定了红军挥师北上建立川陕甘苏区根据地的重要战略方针，为进一步发展革命运动指明了正确的方向。红军长征在这里谱写的不朽篇章，使这座普通的小山村孕育了红色基因，红色文化在这里积淀，长征精神薪火相传。两河村将珍贵的红色文化与乡村文脉相结合，在乡村振兴的推动下，倾力书写"红色乡村"，让乡村文化别样红。

三、2018年第一批"四川最美古村落"

1. 广元市昭化区向阳村

（1）地理位置

向阳村被誉为四川省最美古村落之一，坐落于四川省广元市，曾经是古蜀道米仓道、金牛道上的分支，也是重要的驿站，古称运递所。向阳村历史悠久，文化底蕴深厚，中心村距成都市约329.8公里，从成都出发途经成渝环线高速、京昆高速，车程约4小时便可到达，交通十分便利。

（2）乡村概况

向阳村是四川省广元市昭化区柏林沟镇下辖的行政村，为乡中心区，与和平社区、轿顶村、苟英村、山花村、五柏村、天宝村、星桥村、玲珑村、伏龙村、梓潼村相邻。向阳村自然地理位置优越，处在国家级湿地公园核心地带，依山傍水，环境优美，尤其村内的十里樱花长廊，占地约5000余亩，拥有5万余株樱花树，每到春天美不胜收。

（3）独特的乡村文化

向阳村历史悠久，具有丰富的人文底蕴，村内保存有如魁星楼、张家大院、广善寺等古建遗迹。

魁星楼是非常具有特色的历史名楼。最早在东汉永建三年（128年）就开始修建了，经过千年的风霜，倾注了无数人的心血，承载了向阳人对它的热爱和情怀，因此向阳人民又把它称为钟鼓楼、财神楼。现存的魁星楼主体大概是在清乾隆年间所建，其楼高15米，分为上、中、下三层。其中上层为魁星楼，中层为戏楼，底层为古驿道，无不造型别致，雄伟古朴，特色各异。

张家大院更是一个融于乡土的产物，明朝开始修建，同时也是向阳村古街中保存最为完整的大型院落，院落主要以土木、木石结构为主，呈围合型展开，造型古朴、别致，非常具有地方特色，被乡土民俗建筑专家誉为"古建筑艺术的标本"。

广善寺是向阳村历史最悠久的建筑之一，最早从东汉顺帝永建三年（128年）开始修建，后来经过历代的修缮完备，现寺内保存有著名的宋代石刻九龙碑，以及一些其他的珍贵文物。

向阳村于2013年被列入第二批国家级传统村落名录，2016年被评为四川省级历史文化名村。

2. 自贡市贡井区李家桥社区

（1）地理位置

李家桥社区坐落于四川省自贡市贡井区，是中国古代著名的井盐产地和运盐通道。李家桥社区距成都市约208公里，从成都出发途经蓉遵高速，车程约3.5小时便可到达，交通十分便利。

（2）乡村概况

李家桥社区是一座因盐而兴的村落，曾有"西场井盐第一镇"

"盐运古道第一滩""梯级水道第一堰""巴盐陆运始发站""八里秦淮发端处"等美称。整个村落地理位置优越，阡陌交通，层次分明，至今还随处可见当年的当铺、盐仓、宅院、药铺、茶馆、茶楼、米行、戏园等古建筑，整个村子古香古色，人文底蕴深厚。

（3）独特的乡村文化

李家桥社区独特的乡村文化主要是体现在盐业文化上，因为此地是当年井盐生产与盐业运输的中心，该村落因盐而兴盛，这里的建筑大多也与井盐的生产与盐业运输相关，极具独特性。

李家桥古村落依河而建，其建筑风格简洁大方，具有明末清初风格，实用性极强，古建筑群保存完整。古村落有横街、正街、平康路街"三街"和李家桥巷、洪珠井巷、双鸿灶巷"三巷"的传统建筑群。其中横街是历史上最具特色的滩闸转盐古道，依艾叶大沱湾和石滩而建，房屋沿青石阶梯布局，层次分明，错落有致；正街建筑则依自荣公路两侧而建；村中还有一处祠堂——天宫堂，以及现为国家级非物质文化遗产——百年龚扇的生产场地，这三街三巷、天宫堂、古朴的店铺、曲径通幽的大街小巷，加之驮运井盐的盐运古道、古桥和盐舟通行的码头、渡槽，无不使人想起当年盐业兴盛的辉煌盛景。

3. 泸州市叙永县水洞子村

（1）地理位置

水洞子村坐落于四川省泸州市叙永县黄坭镇南部，地势错落有致，是典型的西南喀斯特地貌。水洞子村距成都市约370公里，从成都出发途经厦蓉高速，车程约4小时便可到达。

（2）乡村概况

水洞子村以苗寨为主，面积大约有150亩，现有少数民族居民260余人。村内苗寨的交通道路大都是以石板铺成的石路。苗寨依山傍水，四面环山，置身其中仿佛世外之境。

（3）独特的乡村文化

苗寨是水洞子村的特色，村内苗寨保存完好，大多以木瓦结构为主，以吊脚楼为主要形式，看起来户户相连，家家挨边，错落有致，既温馨又古朴、美观。

水洞子村苗寨仍保持着苗族传统的风俗习惯，比如苗族一年一度的盛大节日——踩山节。踩山节又称花山会、花杆会，在每年的正月初一至十五举办。踩山节是村内男女老少相聚同乐的日子。在节日期间，除了四面八方的苗族同胞前来参加，共同欢度节日以外，周围的汉族村民也纷至沓来，合群助兴，节日氛围非常浓厚。

此外，水洞子村还有许多历史悠久的文化传承，如已经被认定为非物质文化遗产的"水洞子苗族祭祀鼓乐"，还有苗族风味浓郁的"打粑粑""斗牛""对歌"等传统活动依然活跃在当地人民的生活当中，在丰富人们生活的同时，更是勾勒出了一幅淳朴的乡村文化画卷。

4. 乐山市井研县民建村

（1）地理位置

民建村坐落于乐山市井研县千佛镇，距乐山市约 30 公里，距井研县城的 213 国道约 6 公里，距成都市约 143.2 公里，从成都出发途经成泸高速、仁沐新高速，车程约 1.5 小时便可到达，交通十分便利。

（2）乡村概况

民建村始建于清朝，位于千佛镇北部，东临门坎乡，西面是千佛村，南接新群村，北连梅湾村，占地面积约 4.63 平方千米，总人口数约 812 户 2284 人。民建村前有水塘，后靠青山，整个村子都像是被大自然捧在手心一样，非常安静祥和。

（3）独特的乡村文化

民建村位于四川著名的国学重镇——井研县，该县历史上一共出了 87 位进士、1 位状元、4 位宰相。悠久的国学传统造就了民建村深厚的文化底蕴，从这里走出了大儒名士——雷畅，民间"九子十翰林"① 的故事更是广为传颂，民建村国学代代相传、家族共荣共显的历史被传为佳话，至今雷畅故居仍是民建村一大特色。

雷畅故居是现存川西最大规模的明清民居建筑群之一。故居是三进四合院，整个建筑不仅布局严谨，左右对称，结构牢固，而且建筑雕刻精美，虽历经沧桑，但昔日精妙绝伦的雕刻与精湛的建筑技术仍熠熠生辉。

除了雷畅故居，民建村整个村的布局都非常符合中国传统建筑美学的要求。以建筑中轴线为基准，所有的大型建筑无一例外都在中轴线上。而其他的建筑也不会杂乱无章，而是以中轴线为基准，左右两边对称分布。

此外，民建村最具特色的是在两组规模较大的建筑群的房屋之间还设计了适合四川西部地区湿润气候通风的天井，利用自然的原理造就穿堂风，以此来改善屋内的空气流通状态。

民建村还有历史悠久的千佛岩。千佛岩是在砂岩石壁上凿就的诸多佛龛，大小形态各异，其中有大佛 1 尊，小佛 1000 尊。据清《光绪井研县志》记载："东岩佛像长丈余，盖唐代伽兰也。"也就是说，这摩崖造像最早可以追溯到唐代，传说该佛像与四川乐山大佛是同一时期建造的。

5. 攀枝花市米易县新山村

（1）地理位置

新山村坐落于钢铁钒钛之都攀枝花市，下属中国颛顼文化之乡米易县，位于四川省首批民族文化生态保护区之一的龙肘山脚下，是四川省傈僳族的集中地之一。新山村距成都市约 587 公里，从成都出发途经成渝环线高速、京昆高速，车程约 7 小时便可到达，交通十分便利。

---

① 九子十翰林：雷畅的九个儿子如他一样，饱读经书且聪慧过人，先后均成为翰林院翰林，连唯一的女婿也中了翰林。

（2）乡村概况

新山村与高隆村、坪山村、中山村相邻，地处要塞，天蓝水秀，物产丰富。新山村是傈僳族聚集地，现有人口总数约 430 户 1850 人，傈僳族人口占全村人口的 95％以上。[①]

（3）独特的乡村文化

新山村四周群山环绕，聚居于此的傈僳族人世代传承着绚丽多彩的傈僳族传统文化，原始古朴的民风民俗沿袭至今，让这个古朴典雅的小山村拥有了不一样的人文魅力。在新山村，有"斑鸠吃水""约德节"、傈僳族刺绣、织布技艺 4 项省级非物质文化遗产和葫芦笙、众多山歌等 22 项市、县级非物质文化遗产。

新山村的傈僳族人民能歌善舞。他们的舞蹈多源于原生态的生产生活，舞蹈动作多以模拟狩猎、纺织、收割等为主；音乐节奏明快有力，具有代表性的是被列入省级非物质文化遗产的"斑鸠吃水"，其舞蹈创作来源于模仿大自然的斑鸠，舞者左右轻打脚、抬腿，以点头作鸟儿饮水状，动作形象生动，充分体现了傈僳族人民与大自然的和谐相处。

新山村的建筑也非常别致，具有非常鲜明的民族特色。民居依山而建，顺着山脊有序排列，错落有致，给人以层次感。新山村傈僳族的民居形式多样，有取材于自然的茅草房，也有颇具傈僳民族特色的土墙房，土墙四周都会以民俗画作装点，房顶以墙抬梁、梁上铺篾笆、顶盖黑瓦等。

6. 自贡市沿滩区仙滩社区

（1）地理位置

仙滩社区位于自贡市沿滩区仙市镇北面，距自贡市区约 15 公里，距成都市约 194.9 公里，从成都出发途经蓉遵高速，车程约 2.5 小时便可到达。

---

① 杨曦宇. 傈僳族村寨新山村传统生态文化的挖掘与传承研究 [J]. 东方企业文化，2014（18）：63－64.

（2）乡村概况

仙滩社区是自贡市沿滩区的一部分。作为中国历史文化名镇——仙市古镇的核心区，仙滩社区一直名声在外。区内山水环抱，风光旖旎，人文底蕴深厚，民风民俗淳朴。村落古朴典雅，建筑独特，历史悠久，依山傍水而建，占地面积约 0.17 平方千米，小巧玲珑，人文气息浓厚。

（3）独特的乡村文化

仙滩社区以其井盐文化悠久而闻名。仙滩社区始建于 1400 前的隋代，民国元年改称"仙市"，是釜溪河当年盐运的重要码头之一，有"中国盐运第一镇"之称。仙滩社区不仅是水陆运输的枢纽，也是陆路运输的重要站口，随着盐业运销的兴旺，小镇因盐而兴，发展迅速。仙滩社区街道纵横交错、民居古色古香、保存完整，大小寺庙、会馆、宗祠点缀在街廓民居之中，相映成趣。

仙滩社区建筑十分独特。民居建筑总体上以川南的穿斗式民居为主，民居建筑风格古朴，保留着原有风貌。除此之外，仙滩社区的寺庙祠堂也非常多，其中最著名的是南华宫。南华宫是该社区底蕴深厚的一处历史名胜建筑，最早可以追溯到前清时期，它实际上是清前期广东移民在四川各地修建的以凝聚乡情为纽带的移民会馆。南华宫所奉祀的神灵是南华六祖慧能大师，现已改建为金桥寺。

仙滩社区的寺庙、祠堂、会馆与民居相映成趣，尤其是保存完好的"四街、五栅、五庙、一祠、三码头"，在川南可谓首屈一指。因此，这里成为古镇建筑风格和设计思想完美统一的代表作，也是展现四川建筑顺应自然的典型代表，被誉为"川南古镇风情的标本"。

7. 遂宁市安居区毗卢寺村

（1）地理位置

毗卢寺村位于四川省遂宁市安居区白马镇西面 5 公里左右，距遂宁市区约 45 公里，距成都市约 143.3 公里，从成都出发途经渝蓉高速，车程约 2 小时便可到达，交通、区位条件良好。

（2）乡村概况

毗卢寺村因毗卢寺而得名。全村占地面积约 3.5 平方千米，其中耕地面积约 1422.74 亩，辖区 12 个村民小组，现有农业人口 567 户，总人口 1978 人，村庄山水环抱、依山傍水、山清水秀、物产丰富。

（3）独特的乡村文化

毗卢寺前有白安河，后有风景如画的麻子滩水库，库区面积达 12000 亩，有四面环水独岛 10 多处，库区两岸鸟语花香，果树成林。毗卢寺原为广德寺分寺，与灵泉寺、广德寺、白雀寺并称斗城（遂宁别称）四寺。毗卢寺最初建于宋代，明朝扩建，寺庙依山而建，坐南朝北，占地面积 7500 平方米，建筑面积 5512 平方米。

毗卢寺村还有一个特别的景点，那就是清亮澄澈的麻子滩水库，其于 2013 年被命名为琼江源国家水利风景区。麻子滩因滩上有无数孔隙似人脸上的麻子而得名，离毗卢寺村很近，整个库区纵长约 28 千米，水域涉及白马、中心、步云、拦江等乡镇。库区水面呈珊瑚状，有大小分岔数百条，被誉为"水上迷宫"，风景十分迷人。

8. 宜宾市江安县坝上村

（1）地理位置

坝上村隶属于四川省宜宾市江安县。该村东临留耕镇，西接蟠龙乡，南与留耕镇接壤，北与坡上村相连，距宜宾市区约 90 公里，距成都市约 323 公里，从成都出发途经成乐高速或蓉遵高速、银昆高速，车程 3.5 小时便可到达，交通十分便利。

（2）乡村概况

坝上村位于四川省宜宾市江安县夕佳山镇，占地面积约 4 平方千米，辖 9 个乡村，乡村呈散居分布，现有户数 582 户，总人口 2371 人，全国文物保护单位、国家 4A 级景区——夕佳山民居坐落村内。该村为农村重镇，其主导产业为水稻。该村属于丘陵地貌，海拔 300 米左右。村内植被种类丰富，有桢楠、桂花、黄桷树、白玉兰等。2016 年，坝上村获评全国第四批传统村落。

（3）独特的乡村文化

坝上村历史悠久，人文底蕴非常深厚，最早可以追溯到明朝中晚期。坝上村最著名的建筑是夕佳山古民居。夕佳山古民居原为黄氏家族住宅，始建于明万历四十年（1612），历经清代多次维修扩建。庄园高墙深筑，屋宇轩昂，呈三进四合院排列，占地1万余平方米，有房间123间。整个建筑系悬山穿斗式小青瓦木质结构，布局严谨，主次分明，开合有序，保留明清以来的民间建筑风格，具有典型的"川南庄园"特色。庄园内有门楼、前厅、正厅、天井、客厅、堂屋、过厅、戏楼、花厅等分布其中，还有小桥流水、怪石嶙峋、小巧雅静、清朗幽雅的怡园，是一座四川园林和江南园林兼而有之的私家花园。①

9. 绵阳市游仙区曾家垭村

（1）地理位置

曾家垭村坐落于四川省绵阳市游仙区刘家镇。曾家垭村与刘家社区、桃子园村、张家堰村相邻，距绵阳市区约50公里，距成都市约180公里，从成都出发途经成万高速或成渝环线高速，车程约2.5小时便可到达。

（2）乡村概况

曾家垭村历史悠久，始建于东汉末年。村落依山傍水，植被丰富，村内风景迤逦、民风淳朴，是四川十大最美古村落之一。村内现有户数约400户，村民约1400人，沃野良田1600多亩。②曾家垭村拥有马鞍寺、古乐楼、古祠堂、古墓、古树、古道、古民居等众多历史古迹。

---

① 夕佳山民俗博物馆［EB/OL］.［2014－09－29］. https://baike. sogou com/v7318325. htm.

② 走进"四川十大最美古村落"刘家镇曾家垭村［EB/OL］.［2019－03－03］. ht-tp://www. myrb. net/html/2019/new/31186309. html.

（3）独特的乡村文化

曾家垭村最出名的名胜古迹莫过于2013年入选全国重点文物保护单位的马鞍寺了。根据《绵阳县志》记载："马鞍寺始建于明代洪武建文年间，距今已有600余年历史，最早是明朝进士、山东按察使汪东洋的府第，后改建为庙宇。明末清初马鞍寺曾毁于兵乱，清康熙、乾隆、道光年间又陆续在原址上重建。"[①] 马鞍寺内有很多古壁画、古碑刻、古树等，寺内房屋的主梁上还写有工匠姓名和住址，是为其建筑质量终身负责，这也体现着曾家垭村深厚的信义乡土文化。清同治年间在寺前还修建了乐楼，是绵阳市乃至四川省保留最完整的清代乐楼之一。该乐楼为歇山顶穿斗结构，楼台飞檐翘角，乐楼壁头上至今仍可见昔日的戏班题记和精美的壁画。

10. 广安市邻水县汤巴丘村

（1）地理位置

汤巴丘村坐落于广安市邻水县冷家乡东面，距广安市区约80公里，距成都市约370公里，从成都出发途经沪蓉高速、广洪高速，车程约4.5小时便可到达。

（2）乡村概况

汤巴丘村在古代历史上曾是川东到川北驿道上的重要驿站。据当地的族谱介绍，"湖广填四川"时，蒋、唐、吴、龙四姓的族人首先来到汤巴丘，见此地地理环境优越，便在此定居，垦田建房，始建朝门湾、唐家沟湾、吴家湾、下龙家湾。随后，周边又相继建起规模较大的黄家湾、谭家湾、林家湾等院落。[②] 目前，汤巴丘村面积约1.5平方千米，共计古民居院落28处。

（3）独特的乡村文化

汤巴丘村中最独特的地方是掩映在周围绿树青山下的20多个建

---

① 田明霞. 六百年古寺四百户乡情［J］. 老同志之友（下半月），2019（08）：36－37.

② 倪阔. 汤巴丘古建筑群何去何从？［N］. 广安日报，2011－05－06.

于明清时期的古民居村落。这些古民居村落大都依山而建，以土木结构为主，栏式建筑，建造精良，据说都是"湖广填四川"时湖广地区的客家人带来的。历经岁月变迁，民居不断与当地的风土人情以及自然环境发展相融合适应，演变发展成了今天这种独特的汤巴丘村民居，可谓是"川东民居活化石"。其中最有代表性的是从明代遗留下来的龙家湾和奈家湾民居，这两处民居与村内其他民居明显不同的是屋檐下的挑梁：挑梁上下均有雕刻精美的附着物——上有上等乌木材质的葵花，下有龙头鱼尾木饰，非常生动精美。汤巴丘古建筑群体现出了人与自然环境相互依存、"天人合一"的择居自然观，它由客家文化与当地民俗相结合，形成了具有鲜明地域特色的乡村文化。

汤巴丘村是"湖广填四川"移民迁徙的缩影，它传递古今，跨越时空，成为历史变迁的见证者。

第二部分　麻辣鲜香的四川乡村美食文化

　　四川乡村文化自然离不开四川乡村特色美食。饮食文化植根于民间，彰显一个地方的风俗习惯，体现居民的生活态度。四川人素有尚滋味与好辛香的饮食习惯，其饮食习俗具有鲜明的地方特色，四川沃野千里，水资源充沛，物产丰富，充足的食材来源是四川饮食文化的物质基础。

　　据考证，四川饮食的发展得益于历史上的数次大规模移民，秦统一巴蜀后曾迁"秦民万家"入蜀。此后，历史上又经历了 5 次大移民，使巴蜀成为五方杂处、多元文化的交融之地，各地移民带来的烹饪技术和饮食习俗与四川当地的饮食文化交融发展[①]，四川人民在汲取了南北菜肴烹饪技术之长的基础上，形成了自己完善而独特的烹饪特色，成为巴蜀文化中一朵奇葩，让川菜成为中国八大菜系之一。相比其他菜系，川菜经过各方文化的融合，广泛取材，其调味、菜系、味型等极具多样化，以"一菜一格，百菜百味"闻名。川菜善用"三椒"（辣椒、花椒、胡椒），以其多元化的菜系、浓郁的地方风味和别具一格的烹调技术在国内外久负盛名。

　　川菜的风格朴实而又清新，具有浓厚的乡土气息，其中代表菜品有：东坡肘子、冷锅鱼、石磨豆花、甜皮鸭、卤鸭子、鱼香肉

---

① 甘肃省古籍文化整理编译中心. 中国民俗知识——四川民俗 ［M］. 兰州：甘肃人民出版社，2008.

丝、回锅肉、麻婆豆腐、辣子鸡、酸菜鱼、水煮鱼、毛血旺、夫妻肺片、开水白菜等。

一、四川乡村美食的特点

四川乡村美食是川菜的起源，四川乡村美食不仅是乡村文化的重要组成部分，更是乡村历史发展和风俗变迁的见证。四川乡村美食特点鲜明，主要有以下几方面。

1. 历史悠久，资源丰富

从历史条件来看，四川自古就有"天府之国"的美称，土地肥沃、物产丰富、江河纵横，自然条件得天独厚，因此四川农业发展历史悠久，农产品种类繁多，各种农作物、山林特产、畜牧产品应有尽有，为扬名四海的四川美食奠定了丰厚的物质基础。四川乡村是川菜的发源地，由于四川盆地深居内陆，四周群山环绕，易守难攻，形成天然的军事屏障，历代战乱偏少，尤其是都江堰建成以后"水旱从人，不知饥馑，时无荒年"，所以四川乡村社会相对比较安定，村民们安居乐业，有闲情逸致来琢磨杯盘庖厨之事，再加之历史上几次大规模的移民使得巴蜀文化与客家文化交流融合，逐渐孕育出了辉煌灿烂的四川乡村美食文化。

2. 鲜明的饮食习惯

川菜的突出特点就是调味多变，在"色香味美"中，川菜尤为重视"味"，而提到川菜，不少人有误解，只会想到它的麻辣味。其实辣味菜在3000余种川菜中还占不到30%，但川菜又确实以擅长烹饪麻辣味著称。据历史学者谭继和（2004）考证，在西周时期，或许更早时，"巴蜀先民在饮食文化上有两大不同于其他地域的重要特征：一是'尚滋味'，二是'好辛香'。这两个特点最早见于谯周的《三巴记》的记载，现存于《华阳国志》中"①。蜀人"尚滋味"的特点应该是从茶和蜜作为食源发展而来，因为在历史文献记载中，巴蜀居民最早开始饮茶和食用蜂蜜，逐渐形成一种"尚滋味"的饮食习俗②，在川菜中单从味型来看就有鱼香味、椒麻味、麻辣味、怪味、红油味、酸辣味等若干分类，清、香、醇、浓并重，百菜百味。"好辛香"的"辛"指刺激性，"香"指食欲性。辛香味依靠调料而生。明朝以前，巴蜀地区多用花椒、姜、蒜、葱等作为调料食材，其中以花椒的麻为显著特征，两千年来未曾改变。③明代后期辣椒传入中国，"好辛香"的巴蜀居民在烹饪中辣椒、花椒并用，辣与麻完美结合，深受人们喜爱，到清嘉庆时期以后，四川各地陆续种植辣椒，到清同治光绪时期，食用辣椒的习俗变得普遍起来，形成巴蜀饮食以麻辣著称的特点。④ 虽然巴蜀居民"尚滋味，好辛香"，但与中国其他喜吃辣椒的贵州、湖南、湖北等地相比，巴蜀居民食性偏温，少有人习惯于吃生辣椒，一般会将辣椒泡制或制成酱或辣椒油后食用。为了保证川菜的正宗川味，川菜的制作对调料的要求非常严格，其中郫县豆瓣、潼川（或永川）豆豉、中坝（或德阳）酱油、保宁醋、汉源花椒、泡红辣椒这六大调料相互组合。这些调料都是巴蜀地区的特色农产品，在万不得已的情况下，除了酱油与醋可以用其他地方的优秀产品暂时代替之外，要制作正宗的川菜，调料是不可乱用的。⑤

因四川盛产大米，所以四川乡村村民的饮食习惯是以米饭作为主食。在乡村中，最普遍的是"甑子饭"。甑子是一种炊具，形似没有底的木桶，常用松柏、香樟树等木料制成，底面是一个用竹丝

---

① 谭继和. 巴蜀文化与川菜 [J]. 绵阳师范学院学报，2004，24 (3)：1-5.

② 苟安经. 巴蜀地区农村文化建设研究 [D]. 咸阳：西北农林科技大学，2011.

③ 超波力格，包玉海，包玉龙. 川菜的作用、特点及进一步发展建议 [J]. 南方农业，2015，9 (9)：81-83.

④ 杜莉，张茜. 川菜的历史演变与非物质文化遗产保护发展 [J]. 农业考古，2014 (04)：279-283.

⑤ 苟安经. 巴蜀地区农村文化建设研究 [D]. 咸阳：西北农林科技大学，2011.

编成的底托。制作甑子饭先用较多的水将米煮到七八成熟时，滤去米汤后再将米倒入木质或竹编甑子中，并用筷子插几排气孔，大火蒸熟。甑子饭带有木甑的清新味，口感硬实、颗粒感足、米香浓厚，米汤还可作为汤直接饮用。在现代家用电器还没进入乡村前，学会制作甑子饭是农家主妇的必备本领。

泡菜在四川乡村饮食生活中占有重要的地位，几乎家家户户都有泡菜坛子，人人都会做泡菜。泡菜作为一种可口的下饭菜，是用淡盐水浸泡发酵而成的，不管是在乡村日常饮食中，还是在高档的筵席上，都是不可缺少的佐饭菜。四川蔬菜品种繁多，但季节性强，不便于保存，因此智慧的村民便将多种蔬菜浸泡在具有密封效果的坛子里，并在坛里加入淡盐水与香料浸泡与发酵，经过这样处理的蔬菜既能去除细菌，又能保持蔬菜的新鲜和营养，色、香、味、形俱佳，口感爽脆，还具有开胃、醒酒等功效。

3. 种类齐全丰富

四川乡村美食资源的种类丰富，除了特色菜肴和小吃，还有川酒和川茶（见表2-1），这些充分体现了四川乡村饮食生活与文化的各个方面，赋含人文与自然资源的双重特性。[①]

表2-1　四川乡村特色饮食一览表

四川乡村特色饮食	内容（部分）
特色菜肴	乐山跷脚牛肉、乐山豆腐脑、眉山东坡肘子、安岳坛子肉、雅安砂锅雅鱼、青神中岩烤全羊、自贡鲜锅兔、青城山老腊肉、双流老妈兔头等
小吃	安岳米卷、泸州林黄粑、什邡米粉、筠连县手工挂面、广元热凉面、崇州渣渣面、邛崃奶汤面、邛崃钵钵鸡、洛带伤心凉粉等

---

① 刘军丽. 成都乡村美食资源评价与旅游开发研究［J］. 美食研究，2016，33（2）：37-42.

续表2-1

四川乡村特色饮食	内容（部分）
川酒	崇阳酒、邛崃酒、宜宾五粮液、射洪沱牌曲酒、泸州老窖、绵竹剑南春、古蔺县二郎镇郎酒等
川茶	峨眉山茶、蒙顶山茶、四川边茶、青城雪芽、邛崃黑茶、苦丁茶、凉山苦荞茶等

4. 特点突出，内涵深厚

四川乡村美食不仅取材广泛、资源丰富，还蕴含着深厚的农事习俗文化、客家移民文化、健康养生文化等特色乡村文化，形成了具有地域特色的饮食风俗。[①] 比如在四川乡村每年栽秧的农忙时节，为了慰劳帮助栽秧的邻居好友，给栽秧者送去打尖的"幺台酒"；但凡岁时节令、婚丧嫁娶、寿诞生辰等重大事件，在田间坝头宴请乡亲们的"田席"（或称"九大碗"），现仍流行于四川广大乡村中，其中最具代表性的当属中国西部客家第一镇的成都龙泉驿区洛带镇的坝坝宴与"田席"。这不仅是四川客家饮食文化的缩影，更是四川乡村中勤俭持家、敬老爱老、团结互助的文化传统体现；除此之外还有以四川寺观素席为代表的养生文化也是四川乡村美食的内涵之一，其菜品既突出了材料的清新爽口，又具有地方特色，以青城山天师洞素食、鹤鸣野菜素食、新都宝光寺素食和彭祖山漂汤等为重要代表。

二、四川乡村特色饮食

早在唐宋时代，川菜就已经脍炙人口了。四川乡村菜肴历经千年，迄今已有3000多个品种，数百种名菜，数十种烹饪方法，但以

---

① 刘军丽. 成都乡村美食资源评价与旅游开发研究 ［J］. 美食研究，2016，33（3）：37-42.

"麻、辣、烫"享誉中外。① 四川乡村特色饮食除了川菜，川酒与川茶也颇受欢迎，多次在国际上获奖。

1. 特色乡村菜肴与小吃

常言道："吃在中国，味在四川。"川菜兼容并蓄博采众家之长，历经时间的沉淀与创新发展，迄今为止已有3000多个品种，数百种名菜，近30种味型，几十种烹调方法（常见的如炒、熘、炸、爆、蒸、烧、煨、煮、煸、炖、卷、煎、炝、烩、腌、卤、熏、拌、酿等），可谓在中国饮食文化的鸿篇巨制中具有浓墨重彩的一笔。川菜制作精细，技法繁多，尤其是对火候的运用极为讲究。川菜制作多以"煎""炒"为主，且熟而不老，嫩而不生，味道甚浓。此外，干煸、干烧也是川菜特有的烹制方法，成菜后不见汤汁，味全收入菜中。② 川菜菜品繁多，以下将主要介绍几种特色鲜明的乡村菜肴。

（1）乐山跷脚牛肉

乐山，古称嘉州，因乐山大佛而闻名于世，青衣江、大渡河、岷江在此汇合，历史上一直是繁华的水陆码头。据史料记载，跷脚牛肉起源于清光绪年间乐山市中区所属的一个千年古镇——苏稽镇。苏稽镇的周村被人称为"杀牛村"。因为乐山五通桥是历史上著名的盐场，出产井盐，在进入机械化时代前，盐商们用牛来拉盐的原料卤水，牛的淘汰率极高，不少拉卤水的牛老了以后，就送去周村宰杀，每年要宰杀数万头。牛杂因不易清洗和运输，又不能久留，只好就地处理。于是周村人便在苏稽场峨川河西岸埋锅煮牛杂，因为苏稽下力的人很多，牛肉汤锅便宜又下饭，很受老百姓的欢迎。慢慢地，这道美食也就传开了。最初跷脚牛肉只能算是底层民众的食物，饭馆的条件也十分简陋，只有一张方桌，桌下通常有一根横木可供人们跷脚休息。于是，这道美味也因为客人边跷着脚

---

① 李明. 中国民俗大系——四川民俗［M］. 兰州：甘肃人民出版社，2004.
② 林艳华. 浅析四川饮食文化［J］. 现代食品，2019（08）：46－48.

边食用而得名为跷脚牛肉。

苏稽镇上几乎每条街都有卖跷脚牛肉的餐馆，往往是在店门口前彻灶，灶上一口老式的土灶大锅里是香味扑鼻的牛肉汤，锅里不仅煮着牛肉，还有各种牛杂和牛骨等，香浓的牛肉汤在熬制的时间和技巧上都颇有讲究，不仅要将牛肉的美味收尽汤汁，又要兼顾其口感。苏稽跷脚牛肉非常重视取材，食材不仅要新鲜，还讲究黄牛肉、水牛杂。这是因为黄牛多食枯草料，肠胃小而薄软，口感欠佳，但肉质细腻，蛋白质含量高；水牛则恰恰相反，虽肉质比较粗糙，但内脏肥厚，口感较好。如今苏稽镇的跷脚牛肉经过不断创新与改良，已经不再是当年底层百姓的美食了，在传统熬制的基础上又进一步改进，现在的牛肉汤底中加有白芷、桂皮、砂仁、八角、茴香、草蔻等20余种香料，成为人们餐桌上很受欢迎的大众美食。

传统的苏稽跷脚牛肉是一碗碗的牛肉而不是汤锅，见图2-1。其牛肉一般分为两种：一种是在熬制汤底时一并煮熟的牛肉与牛杂的熟料；另一种是客人点菜后，再将新鲜食材用漏勺在汤锅中漂烫的生料。苏稽跷脚牛肉的正宗吃法是每人先点一碗牛肉汤并加上芫荽和香葱，再点一份烫莲花白，浓郁的牛肉汤配上脆爽微甜的莲花白堪称人间美味。

图2-1　苏稽跷脚牛肉的传统吃法

2008年跷脚牛肉被乐山市政府列入乐山市第二批市级非物质文化遗产名录。

（2）乐山豆腐脑

乐山豆腐脑是四川乐山土生土长的地道乡村美食。爽嫩的豆花加上绝美汤汁的勾芡，再撒上一些特有的小香菜、小芹菜，轻轻地吮吸一口，入口即化，汤汁和豆花的香气就在舌尖升腾起伏，味道好极了，见图2-2。

图2-2　乐山豆腐脑

乐山豆腐脑的历史由来已久，据《故都食物百咏》记载："豆腐新鲜卤汁肥，一瓯隽味趁朝晖。分明细嫩真同脑，食罢居然鼓腹归。"因其口感细嫩如脑，可甜可咸，蒜香扑鼻，深受广大人民的喜爱。乐山豆腐脑的最大特点在于不以豆花取胜，其如此美味的秘诀完全取决于绝美汤汁勾芡而成的汤头。用味精、鸡精、大头菜颗粒、老抽、炒黄豆或炒花生米作底，先加上大半碗用骨头汤勾芡的淀粉浓汁，再用平勺削几片雪白的豆花放在浓汁之上，让其漂浮，上面再放上芹菜和熟油辣椒，以此来成就一碗绝美的乐山豆腐脑。

乐山豆腐脑极为讲究，按照产地可以分为以下三种：

①牛华豆腐脑。细腻洁白的豆花和粉条的完美结合，再用芡粉勾汁，牛肉覆面，或佐以花生米和肥肠，其豆花之细腻、牛肉之厚重、花生之清香、肥肠之筋道，令人回味无穷。

②峨眉豆腐脑。做法和牛华豆腐脑类似，但更为独特的是峨眉豆腐脑不加粉条，换成了四川人都钟爱的酥肉。酥肉之清香厚重，仿佛有家的味道。

③杨湾豆腐脑。做法比较简单朴素。既没有牛肉、酥肉，也没有绝美的高汤，只有葱花点缀在洁白的豆花上，是真真正正的"一清二白"。或辅之油炸过的黄豆、酥肉外加一碗白米饭，这是乐山豆花另一种简洁的吃法。

乐山豆腐脑种类丰富，代表着勤劳善良的乐山人民对于生活的探索和向往。

（3）眉山东坡肘子

眉山东坡肘子是四川的传统名菜。它肥而不腻、粑而不烂，色、香、味、形俱佳。全国各地以"东坡"命名的菜肴在《中国名菜谱》中有包括眉山东坡肘子在内的 5 种不同的形式[①]，它们都与苏东坡的供职与生活经历有密切关系。"东坡肉"的名字源于宋人周紫芝《竹坡诗话》中的记载："东坡性喜嗜猪，在黄冈时，尝戏作《食猪肉诗》云：'慢着火，少着水，火候足时他自美'，后来苏东坡到杭州任太守，又将黄州烧肉的经验带到杭州，并在民间得到广泛流传，之后人们就把这种菜肴亲切地称之为'东坡肉'。"[②] 而眉山东坡肘子不同之处在于，黄州、杭州、开封、惠州等地的"东坡肉"，所用猪肉为带皮五花肉，而眉山的东坡肉是猪肘子——猪腿肉，其特点是皮厚、筋多、胶质重、瘦肉多。据《中国名菜谱四川风味》的记载："'东坡肘子'是民国时期四川眉山人为了纪念这位著名诗人，根据苏东坡烧肉的经验而制作的一道菜肴。"[③]

眉山作为东坡故里，其东坡肘子的做法也秉承了苏东坡猪肉烹饪精髓——慢着火，少着水，火候足时它自美。虽然只有短短的 13 字，却将炖肉的火候和用料及时间表述得十分清楚明了。眉山东坡肘子的烹饪方式主要以炖为主，具体来说是先将肘子入锅用文火炖至八成熟（第一次脱脂），再放入蒸笼蒸熟（第二次脱脂），经两次脱脂后，肘子已达肥而不腻、粑而不烂的境地，然后将豆瓣酱放入炒锅里用热油翻炒，之后加蒜、姜、花椒、葱、糖、醋、盐、芫荽和肉汤，推匀后起锅浇在肘子上，即成，见图 2—3。

---

①　据《中国名菜谱》中记载共有 5 种以东坡命名的菜肴：黄州"东坡肉"、杭州"东坡肉"、开封"清汤东坡肉"、惠州"东坡大肉"和眉山"东坡肘子"。

②　梁起峰. "东坡肘子"与苏轼的达观人生 [J]. 北方文学，2012（02）：36—37.

③　金晓阳. 不同地区"东坡肉"之比较 [J]. 扬州大学烹饪学报，2010，27（1）：32—37.

图 2-3　眉山东坡肘子

眉山人对东坡肘子的烹饪方式也体现了眉山人的生活态度，不急不躁，就像"东坡肘子"，火候和时间到了，就是美味。东坡肘子既是劳动人民对于生活的总结体会，也是川人传承美食文化和对于美好生活的创造与向往。

（4）安岳坛子肉

安岳坛子肉非常具有乡土气息，是广大安岳乡村百姓在生活中积累的智慧结晶。安岳坛子肉有着极其深厚的历史渊源，最早可以追溯到汉朝。由于当时没有冰箱等防腐的设备，但是又想留住美味，于是安岳先民就地取材将干豇豆、干青菜等各种干菜和猪肉，拌以五香、八角等植物香料，以一层干菜、一层烙制后的猪肉脯入土坛中，数月之后，借自然之力就造就了易于保存、风味独特、营养丰富的安岳坛子肉，见图 2-4。

图 2-4　安岳坛子肉

悠久的传承，造就了如今安岳坛子肉丰厚的历史沉淀，民间传说更是随之而起。在安岳民间流传的许多关于坛子肉的传说中，其中流传较广的一则便与安岳历史上大名鼎鼎的普州（安岳古称）太后许黄玉相关。相传，许黄玉机缘巧合下远渡韩国，后与朝鲜半岛古驾洛国开国始祖首露王结婚。婚宴大喜之日许黄玉用坛子肉招待嘉宾，众人赞不绝口，名震海内外，安岳坛子肉从此提高了知名度，成了一道名菜。外国商家纷纷来中国采买，国内销售繁荣，传为佳话。

虽然安岳坛子肉历史悠久，制作工艺烦琐，但是至今很多安岳乡村仍然保有这个原汁原味的习俗，每到年底杀了过年猪，都会选一些上好的肉（五花肉、腰花肉）来做成坛子肉。坛子肉由于是靠乳酸菌厌氧发酵而成，所以制作过程中的密封性尤为重要。为了保证坛子肉长时间存储不变质，安岳人一般会在清水中加上盐再装在坛里密封，这样既可以延长肉的保质期，时间久了又独具"是肉而非肉"的独特风味。

（5）雅安砂锅雅鱼

雅鱼原为中亚高原山区特有的鱼种，产于青衣江周公河，因流经雅安段故称雅鱼，学名裂腹鱼、嘉鱼，古称丙穴鱼，有齐口和重口之分，是雅安最具特色的物产之一。鱼形似鲤而鳞细如鳟，肉多刺少，爽滑鲜嫩。

青衣江边，两岸乡村百姓以农耕为主，农闲时节，才有人将捕鱼作为副业，且历史上这里交通不便、商业也不发达，因此没有滥捕，从而让雅鱼得到了很好的保护。虽然雅鱼深藏雅安乡村间的山水角落，但早已名声在外。文人墨客都曾为它留下了赞美的诗句，早在唐朝时期，大诗人杜甫就曾作诗赞美："鱼知丙穴由来美，酒忆郫筒不用酤。"

雅鱼对水质、水温、溶氧的要求非常高，通常生长于水温为18℃～22℃、水量充足、具有沙砾地质的冷水溪流中。针对雅鱼的特性，雅安人民通过反复的琢磨和不断的摸索，创制了砂锅雅鱼这一具有地方特色的名肴。而烹饪雅鱼的砂锅也不是普通的砂锅，而是雅安荥经县以白善泥和黑沙泥等原料焙烧而成的砂锅。荥经砂锅历史悠久，被列入国家非物质文化遗产。荥经砂锅传热均匀、散热慢的这一特性最大限度地保留了雅鱼的鲜味和营养。砂锅做出的雅鱼，即使关火后仍可在砂锅里面持续沸腾，开盖即鲜香四溢，闻之口齿生津。其肉食之爽嫩鲜滑，鱼汤洁白美味。为了保持雅鱼的本味，雅安人民放弃了玉盆瓷钵，甘愿与乡村田坝里的土砂锅相伴。雅安两大特产的结合，成就了一道特色佳肴，见图2-5。

图2-5　雅安砂锅雅鱼

（6）青神中岩烤全羊

青神中岩，即为四川省眉山市青神县东南部的川南佛刹丛林——中岩寺。该寺始建于唐代，素以"川南第一山""西川林泉最佳处"著称，其坐落在上寺翠微峰下的"中岩书院"，曾是大文豪苏东坡的"母校"。而青神中岩烤全羊，则指的是青神中岩寺景区的特色烧烤之一——烤全羊。

青神中岩寺景区的烤羊精选自农家散养的优质羊，这些羊常年行走于山涧林中，奔跑于沟壑之间。不断的运动使得羊肉的口感更加筋道，而放养式的饲养方法，更是确保了羊肉的绿色无污染。制作烤全羊用的炭，也是来自四川盆地生产的青岗树做成的木炭，自带树木的清香。好羊好炭，所有原材料都取自乡村自然间，因此青神中岩烤全羊被称为最贴近乡村自然的肉食。

在制作烤全羊时，会有一个专门的架子把整只羊都铺在上面，下面放上树木制成的木炭。烹饪师傅会用刷子在羊身上不时地刷着精心制成的调料，并不时地转动烤羊，整个过程大概会持续 2 个小时，烤出的羊肉外酥里嫩、风味独特、声名远播，成为中岩一绝，见图 2-6。

图 2-6　青神中岩烤全羊

（7）自贡鲜锅兔

自贡市坐落于四川盆地南部低山丘陵区，是中国著名的"千年盐都"，也曾因产井盐而富商云集，曾是中国近代最富庶的城市之一。由于盐业的发达，自贡在饮食方面发展成了独具特色的盐帮菜，是川菜小河帮菜系中的重要一派。盐帮菜讲究的是味重、味厚、味丰，除了具备川菜"百菜百味、技巧多样"的传统之外，还具有"鲜辣刺激、味厚香浓"的特点。

自贡盐帮菜虽历史悠久，但并不因循守旧而是敢于创新，新派盐帮菜在用料、技法、风味上都有不少独创，见图 2-7。以鲜锅兔为代表的新派盐帮菜还一改川菜中使用干辣椒、老姜做菜的传统，将鲜辣椒、仔姜直接用在菜中，保持了辣椒、仔姜的鲜味，将辣椒的辣与姜辣融合，使菜肴辣得更刺激、更清爽，鲜味十足，见图 2-8。

图 2-7　新派盐帮菜

图 2-8　自贡鲜锅兔

自贡鲜锅兔是人们日常生活中的智慧结晶，通过改良创新把兔肉变成餐桌上的美味，这种化腐朽为神奇的力量，正是人们不断创造新的美好生活的不竭动力。

（8）青城山老腊肉

腊肉是中国乡村老百姓在古时没有任何的保鲜设备的情况下，为了保存珍贵的肉类食品，留住美味而迸发出的智慧结晶。小小的腊肉不仅是古代先民给我们留下的一道美味，更是浓浓的乡情。

青城山老腊肉是都江堰市青城山的著名特产。青城山的村庄农院，向阳的墙上总是挂着腊肉，充满了浓厚的乡村田园气息。青城山老腊肉的特别之处在于制作选料的讲究，制作老腊肉的生猪喂的是粮食，无饲料和任何添加剂。在青城山会有一个个山坡被圈起来作为生猪养殖牧场，这里的猪是圈养在山坡上的，喝的是没有污染的山涧泉水。这种乡村田园式的饲养方法，使青城山老腊肉有着绿色、健康的特征。同时，青城山老腊肉在制作的过程中运用了经典的民间工艺进行腌制，腌制完成后的肉再用精选的硬木柴小烟慢熏，借时间的力量成就这经典的"老"腊肉。这样处理过的腊肉，其肉质精良、香味纯正、营养丰富，造就了青城山老腊肉的独特风味。这些特点也让青城山老腊肉成为四川具有代表性的原生态土特产之一，见图 2-9。

图 2-9　青城山老腊肉

（9）双流老妈兔头

所谓"一方水土养一方人"，双流这片肥沃的土壤创造了独特的人文风俗与饮食习惯，例如家喻户晓的传统美食——双流老妈兔头。它起源于很多年前，据传，双流县一位慈祥的妈妈经营了一家麻辣烫小店，其儿子喜欢吃兔头，妈妈就用煮麻辣烫的底料给儿子煮兔头，没想到麻辣鲜香的兔头吸引了越来越多的人，由此，"老妈麻辣烫"改为"老妈兔头"。上好的兔头在妈妈秘制调料的熬制下，轻火慢煮入味，肉酥而不烂，吃上一口，麻辣鲜香、回味悠长，见图 2-10。

图 2-10　双流老妈兔头

（10）田席九大碗

田席始于清代中叶，因常设在田间院坝而得名。最初田席是四川乡村秋后农民庆贺丰收并感谢邻里乡亲互相帮忙抢收抢种的筵席①，后期发展为乡村红白喜事而设的筵席，又称"九大碗""九斗碗"，这一名称形象地描述了该筵席的特征。其中，"九"是指菜品的数量，既实指主菜为九品，也借"九"与"久"谐音，表达良好祝愿的意思；而盛菜的器皿，是乡村中常用的大号碗，俗称"斗碗"。实际上，"九大碗"只是不同规格田席中的一种，因九碗是最常见的标准，故后人以此代指。田席一般以蒸菜烧烩为主，多用猪、鸡、鸭、蔬菜为原料，因为在农村办酒席宾客众多，筵席有时可达十几桌乃至几十桌不等，于是采用"流水席"的方式，客人围四方桌坐满即开席一桌，为了出菜快，乡村厨师在制作时多采用大批量、相对标准化的烹调方式——蒸。蒸制的菜肴绝大多数都用蔬菜搭配，成熟后翻扣八大碗或大盘，荤在上，素在下，田席也有"三蒸九扣"之说。② 田席的档次规格不受限制，品种也不同，其中很多菜品如粉蒸肉、烧白、红烧肉、酥肉、清蒸肘子等以其朴素实惠、肥美鲜香等特色也被城市餐馆所借鉴吸收，成为大众川菜，见图 2—11。③

图 2—11　田席九大碗传统菜品

---

① 沈涛. 田席"九大碗"介绍 [J]. 中国烹饪研究，1996，16（3）：59—62.
② 沈涛. 田席"九大碗"介绍 [J]. 中国烹饪研究，1996，16（3）：59—62.
③ 李豫川. 天府田席"九斗碗"[J]. 乡镇论坛，2010（09）：16—17.

（11）青城山道家素食

位于四川都江堰西南部的青城山是道家的发源地之一。青城山山林幽深，云雾缭绕，生态环境良好，是道教养生的理想之地。道重在养生，青城山素食饮食也是道教养生的重要组成部分。青城山历代道众们在漫长的服食养生过程中总结了很多素食烹饪经验，并采奇撷异，精心研究素食的制作工艺，通过师承慢慢地积累，从而形成了一套青城山道教素食养生的餐饮菜肴制作工艺。①

青城山道家素食的原料选择也较为考究，食材大多是以青城山山中野味为主，但原料种类却很丰富，菜品富于变化，除了豆制品，还善用六耳（银耳、木耳、地耳、榆耳、黄耳、石耳），三菇（香菇、草菇、蘑菇）等；在烹饪上讲究素料荤作，以素托荤。青城山素食

图 2-12　青城山素食

制作也颇为讲究，除了选用四季时鲜果蔬为材料外，还充分运用阴阳八卦等元素创造了花色繁多的养生菜系，菜肴少油腻、较清淡、富含营养、绿色健康，见图 2-12。

（12）彭祖山漂汤

彭祖山位于四川省眉山市彭山区，因境内有传说中长寿之星彭祖的陵寝，故名其山为彭祖山。彭山区江口镇为岷江主要水运集散码头之一，曾有"日有行船数百艘，夜有万盏明灯照码头"的辉煌。旧日晚上的码头，居民、商店以及数百条船点的油灯、行人照路用的纤藤火把，把整个江口装扮得明亮壮观，"漂汤"便源起于此地。作为重要的水运码头，往来的商客、船工众多，各地商客把家乡风味菜肴也带到江口，岷江上的船夫便兼容并蓄地创造出这种既省时省力又御寒易饱的漂汤。

所谓漂汤，实际上就是一道带汤的菜，先熬制好高汤，然后加

_____

① 徐刚. 道教养生文化品牌对成都"文化之都"建设的价值探析——以青城山道教饮食为例［J］. 新西部，2018（01）：39-40.

入多种荤素食材一起烹煮，菜可吃，汤可饮，与火锅类似。漂汤非常注重高汤的熬制，很讲究荤素食材的搭配。在烹制的过程中，各种食材的滋味在高汤的浸润下慢慢析出，相互融合，最终形成香浓的漂汤。端上桌时，通常都用一碗大盆，盆里按照食材的荤素，分不同层次码得十分精致，荤菜在底层，如酥肉、肚条等，中间一层是不容易熟的素菜，最上面是一层叶子菜，空隙的地方还点缀着肉丸、粉丝等，汤面撒着细碎的葱花。汤鲜，肉香，肚条脆嫩，白菜甜，粉条滑，再配上一碗鲜香的蘸碟，这一锅美味的漂汤就这样成为彭山区的美食代表，也是彭山区非常具有乡村特色的传统美食，见图 2-13。

图 2-13　彭祖山漂汤

2. 四川乡村特色酒

巴蜀地区饮食文化中的另一个特色就是川酒。酒文化是四川乡村文化的亮点。四川自古酿酒业兴盛，酿酒原料、水质、土壤和气候条件等都得天独厚，自 3000 多年前的古蜀国蚕丛、鱼凫时代起，蜀酒的酿造就初具规模。经考古发掘证实，广汉三星堆遗址出土的大量酒器，不仅表明当时古蜀人饮酒之风已经非常常见，也证明了古蜀人已经有了较高的酿酒技术。秦汉时期，四川酿酒业有了进一步发展，不仅有出土的大量汉代酒器，有"文君当垆，相如涤器"的佳话，有东汉画像砖上多幅制酒图，还有若干文字记载，如左思的《蜀都赋》等，这些都充分说明当时四川地区已经有了较为大型的酿酒作坊，且酿酒技术进一步提高。唐宋时期是四川酿酒业的大发展时期，川酒质量大幅提升，且酒味浓烈，唐代李肇在撰写《唐国史补》时，把"剑南之烧春"列为全国名酒，清代的"薛涛酒"、眉山的"玻璃春"、绵竹"天益老号"的绵竹大曲等闻名全国。川酒历史悠久，极大地丰富了酒文化的内涵，四川也被誉为"名酒之乡"。四川名酒辈出，四川人引以为傲的"六朵金花"（五粮液、泸州老窖、剑南春、全兴大曲、沱牌曲酒和郎酒）已走出天府，享誉世界。

四川酒文化深厚，在四川乡村，村民们以酒为礼，宴请宾客，不说请吃饭，而是请吃酒。婴儿满月请吃"满月酒"，栽秧下田请吃"幺台酒""栽秧酒"，秋收开镰请吃"打谷酒"，店铺开张请吃"开张酒"，还有婚丧嫁娶、寿诞生辰都要吃酒，可谓无事不酒，无酒不成席。由于饮酒风气之盛，四川地区不知名的小酒厂也多如牛毛，还有农家请酿酒师到家专门酿酒。无论是大街小巷、山村小镇还是渡口村头都可以看到放在柜台或矮桌上的酒坛子，飘香的美酒融入了四川人的血脉，酿出了四川乡村灿烂的文化。

四川境内的几个主要世居少数民族对酒的喜爱也是显而易见的。少数民族地区民风淳朴，热情好客，多用美酒款待客人，在少数民族地区也流传着各种特色酒俗。例如，但凡有客人来，彝族人民都以杯酒相待，他们喝"转转酒"时，将酒倒进大碗里，大家依次轮流喝同一碗中的酒，不分彼此，体现了浓浓的情谊；羌族人家几乎家家都自酿"咂酒"，喝"咂酒"时，大家围坐在一起，轮流咂吸；土家族人也对酒情有独钟，招待客人少不了酒；藏族人民也常常借酒生暖御寒，藏族人民酿造的青稞酒，醇厚绵长，是他们欢庆节日、新婚嫁娶等重大活动中不可缺少的琼浆佳酿。可以说，四川各民族丰富多彩的饮酒习俗和源远流长的酒历史构成了四川乡村独特的饮食文化。以下将主要介绍几种特色鲜明的川酒。

（1）宜宾五粮液

五粮液，醇厚甘美，回味悠长，以优质糯米、大米、高粱、小麦、玉米 5 种粮食为原料酿制而得名。五粮液酒厂所在地宜宾，位于四川盆地南缘，属亚热带湿润季风气候，常年温差小而湿度大，非常适合微生物的生存，这构成了其得天独厚的酿酒环境，并且宜宾拥有一种独特的弱酸性黄泥黏土，富含磷、铁、镍、钴等多种矿物质，是制作酿酒窖池的绝佳天然材料；同时好酒也必有好水，流经宜宾的岷江发源于岷山南麓，常年清澈透明，无污染，水质清澈，口感甘润爽口，微甜，酸碱适中，富含锶、硒等微量元素，是酿酒生产的上品。因此，五粮液以其独有的自然生态环境、600 多年的明代古窖、5 种粮食配方、酿造工艺、"十里酒城"等优势①，成为当今酒类产品中出类拔萃的珍品。

（2）泸州老窖

位于四川泸州的泸州老窖窖池，是中国浓香型大曲酒的发源地。早在元代，泸州人郭怀玉就已经研发出了能酿酒的大曲，经过发展后大曲酒在元代有了一定的名望。明清时期，我们今天所见的泸州大曲便已经成型，当时泸州就有了第一个有名的酿酒作坊——"舒聚源"酒坊。后世温姓人家购得窖池，改酒坊名为"温永盛"。②

泸州老窖大曲的"法宝"正是"老窖"。"窖以大地为床，酒以窖池为本"。泥窖酿酒法是中国酿酒技术的一大发明，绝大部分的川酒中均是采用此法。而泸州老窖的窖池历史最悠久，保存最完善。泸州老窖至今依然还在使用的 4 口老窖始建于明代万历年间，距今已有 400 多年的历史。除此之外，泸州老窖还拥有百年以上的窖池 1600 余口，享有"中国第一窖"的美誉，堪称全国浓香型酒厂之最。

泸州老窖以优质的黄泥制作成发酵容器，加以龙泉井水酿酒，创研了独特的酿制技艺——"万年母糟，续糟配料，泥窖生香，密封发酵，看花摘酒，窖藏老熟"。泸州老窖能酿出如此醇香的美酒

---

① 孟宝，郭五林，鲍燕."各味谐调"：五粮液酒文化的核心竞争力［J］.宜宾学院学报，2012，12（07）：39-42.

② 李明.中国民俗知识——四川民俗［M］.兰州：甘肃人民出版社，2008.

主要得益于历史悠久的窖池。因为酿酒的关键是微生物，在酿酒的过程中，微生物越多，粮食的香气和味道越芬芳，而在这其中，泥土是微生物的主要生存环境，窖池使用得越久，微生物越多。

（3）绵竹剑南春

剑南春产自四川绵竹，绵竹酿酒历史悠久，是川酒发源地之一。据史料和收藏的文物可以考证出，剑南春酒的历史已有 2400 年，是四川酒文化的重要组成部分。[①] 剑南春命名于唐代，因绵竹位于剑山之南，"春"为酒名，故名"剑南春"。据记载，早在唐代武德年间，"剑南之烧春"就是绵竹产的名酒。剑南春拥有清冽净爽，芳香浓郁，醇厚回甜，余味悠长的独特曲酒之香，是以高粱、大米、糯米、玉米、小麦为原料酿成，采用严格的传统工艺，在千年老窖中利用微生物固态自然发酵而成，窖香浓郁，浑然天成[②]，其味更醇、其香更浓。

（4）全兴大曲

全兴大曲，窖香浓郁，绵醇甘洌，风格独特，发源于成都，其历史可追溯到 1367 年（元末明初）的"锦江春"。而现在真正的全兴大曲是始于明末清初的福升全烧坊的薛涛酒和全兴烧坊的全兴酒。

随着 1998 年水井街酒坊遗址的科学考古发掘，全兴酒历经 600 余年的酿酒历史与当时完整的酿造工艺昭然于天下。之所以全兴大曲经久不衰，就在于其取材的考究与酒窖窖期的长久，并且全兴大曲酒厂在继承传统的基础上不断创新，将其独特的酿制工艺归纳为"窖、火、水、曲、人"五字诀，即："窖"——为酿酒之根本；"火"——酿造发酵掌握的火候；"水"——水源洁净，水质甘甜；"曲"——发酵曲药要中高温两曲搭配；"人"——按手艺高低分掌各段工艺。除此之外，全兴烧坊还在酿酒中严格执行"六必原则"

---

① 四川剑南春股份有限公司. 中国历史文化名酒——剑南春〔J〕. 中国西部，1996（06）：32.

② 周海平. 中国酒的文化特性〔J〕. 山东食品发酵，2012（01）：52—56.

严格操作工艺，即"六必法"——原料必精、曲药必时、酒瓶必洁、水源必香、容器必良、火齐必得，并辅之以独具特色的管理方法取得酿酒。这一整套独特的秘诀，使全兴烧坊的酒香浓味爽，历经数百年而不衰。

（5）射洪沱牌曲酒

沱牌酒最早兴起于清光绪年间四川省射洪县柳树镇，镇内酿酒历史悠久，酒商李氏将自家古酒坊命名为"泰安作坊"，含"举酒恭祝国泰民安"之意。因其继承了传统蒸馏工艺并引进运用曲酒生产技术，经多次试验，终酿成"曲酒"。

沱牌曲酒，最早原名为"金泰祥大曲酒"，因用料考究，工艺复杂，加之用当地青龙山麓沱泉之水酿造，酒味浓厚，甘爽醇美，尾净余长，深得饮者喜爱。而其产量有限，慕名而来的酒客却是众多，常常因酒已售完抱憾而归，翌日再来还须重新排队。因此，店主自制"沱"字序号小木牌若干，让酒客皆可品尝。民国初年，清代举人马天衢回乡途中，偶饮此酒，顿觉甘美无比，又见"沱"字号牌，遂乘兴写下"沱牌曲酒"四字为酒名。此后，"金泰祥大曲酒"正式改名为"沱牌曲酒"。此酒在老窖中加入优质的小麦、糯米等粮食作物为原料制成大曲，采用高、中温曲，续糟混蒸混烧，贮存勾兑等工艺酿制而成。因此，沱牌曲酒有独特的甜净风格，属浓香型大曲酒。

（6）古蔺县二郎镇郎酒

郎酒，香气幽雅，醇厚协调，绵甜爽净，回味悠长，因产自四川省古蔺县二郎镇而得名。二郎镇位于"中国白酒金三角"核心区域，在赤水河西岸，与贵州习水县、仁怀市隔河相望，与"国酒"产地茅台镇仅一山之隔，二郎镇优越的自然条件和独特的气候特征成就了郎酒。郎酒的酿造得益于天然的生态美景、优质的郎泉水、天地宝洞的洞藏和传统的酿造工艺。因此，酿制而成的郎酒具有浓香型、酱香型、兼香型三种香型，素有"一树三花之称"。

（7）崇阳酒

崇阳酒产地崇州市位于四川岷江中上游，天府之国的腹地，其气候温润，属亚热带湿润季风气候。独特的自然条件、显著的地域特征和历史悠久的传统酿酒工艺，使得崇阳酒驰名中外。

崇阳酒的清代老窖池，始建于清代光绪年间，民国中期达到鼎盛，距今已近130年历史，有因其窖龄长，窖池中沉积的香味物质十分丰富，窖池中含铁、磷、镍、钴等多种元素，尤其是能起到固化作用的镍和能起到催化作用的钴，在保证酒质方面起到了至关重要的作用。因为大部分的微生物均富集在窖壁和窖底，因此崇阳酒清亮透明，通过独特的酿造工艺，形成了多种香味物质组成的复合香气，微量成分比例协调、尾净悠长。

（8）邛崃酒

邛崃酿酒业历史悠久，十分兴旺。邛崃本就位于得天独厚的自然环境之中，天然矿泉水储量丰富、水质清纯，为酿酒提供了上佳的水资源；同时，邛崃还有其独特的中性微酸的黏土，非常利于微生物的生成与发酵，加之邛崃酒酿制技艺精湛、源远流长，在历史的长河中，不断吸收先进工艺和技术，用以提升自身品质。此外，邛崃气候条件温润，冬无严寒，夏无酷暑，非常适宜酿酒发酵。这些内在、外在条件都使得邛崃酒的优质率大大提升，自成一派，形成了自己独特的风格。邛崃酒历史悠久，西汉时期因卓文君与司马相如当垆卖酒、琴音相通的爱情故事，使邛崃酒更加远近闻名。邛崃酒一直以来都受文人墨客的青睐，前有李商隐《寄蜀客》"君到临邛问酒垆，近来还有长卿无"，后有陆游《遣兴》"一樽尚有临邛酒，却为无忧得细倾"等，这些都能体现出邛崃酒的魅力无穷。

3. 四川乡村特色茶叶

巴蜀地区是文献记载中饮茶、种茶、制茶的发源地之一，是古籍记载中可知的历史最久远的产茶区。著名茶学专家陈椽在考察蒙顶山之后，在《茶业通史》中提到"蒙山有我国植茶最早的文字记载"[①]。川茶以绿茶和花茶为主。巴蜀地区各区域都有茶叶种植。茶

---

① 向晓东. 品味川茶历史　弘扬川茶文化 [J]. 四川档案，2017 (05)：52-54.

文化在巴蜀地区源远流长，最显著的标志是茶馆遍布城乡，即使是农村家庭，一般也不会数日无茶。茶叶产业既是巴蜀地区农业的特色优势产业，又是农业与文化产业结合十分紧密的领域。[①] 以下将主要介绍几种特色鲜明的茶叶。

（1）峨眉山茶

乐山市峨眉山因其山区内低云、多雾、雨量充沛，气温垂直变化显著，且峨眉山海拔 2000 米以上属于山地草甸地带，十分适合高品质茶叶种植[②]，因此峨眉山自古产香茗。峨眉山得天独厚的茶叶资源及悠久的宗教文化，形成了独特的茶叶种植、加工工艺，其茶叶的显著特点是"扁平直滑、嫩绿油润、清香高长、鲜醇甘爽"。[③] 峨眉山茶的峨眉雪芽、竹叶青、仙芝竹尖等多个品牌茶叶闻名中外。

（2）蒙山茶

蒙山茶起源于四川省雅安市蒙顶山。自古高山云雾出好茶，蒙顶山山势巍峨，峰峦叠嶂，重云积雾，是茶树生长的绝佳之地。蒙山茶历史悠久，具有丰富的茶文化底蕴，根据当地传说，最早在蒙顶山种茶始于西汉时期的吴理真，他在蒙顶山的上清峰种植了 7 株茶树，这 7 株茶树也成为茶树之祖。白居易的名句"扬子江中水，蒙山顶上茶"为蒙顶茶奠定了千古美誉；茶圣陆羽也在《茶经》中评品天下名茶曰："蒙顶第一，顾渚第二。"

蒙山茶属绿茶类，特色名茶品种主要包括蒙顶甘露、蒙顶石花、蒙顶黄芽等。其中最具代表的是蒙顶甘露。这种茶紧卷多毫，色泽翠绿，鲜嫩油润，香气清雅，味醇而甘；冲泡后汤色绿黄，透明清亮，饮之清香爽口，沏第二遍水时，越发鲜醇，齿颊留香。蒙山茶种类丰富，各具特色。蒙顶石花，银芽扁直整齐，汤色黄碧，香气纯鲜，味甘隽永；蒙顶黄芽，色泽黄亮，芽呈金黄色，香纯

①　苟安经. 巴蜀地区农村文化建设研究［D］. 咸阳：西北农林科技大学，2011.

②　峨眉山茶史［EB/OL］.［2019-03-27］. http://www.ems517.com/article/162/141.html.

③　陈兵，龚志伟. 峨眉闻天下，茶香更醉人［J］. 消费指南，2010（03）：57-59.

清，味浓鲜，汤色清黄明亮，见图 2-14。

图 2-14　蒙山茶

（3）四川边茶

边茶是指专供边疆少数民族饮用之茶。四川边茶是四川的传统名茶，产于四川山区，属黑茶类。四川边茶的历史可追溯到 11 世纪前，四川绿茶远销西北塞外，因交通不便，运输困难，必须压缩体积，蒸制成团块茶，便于长时间运输。通过实践，有了茶叶变色的认识，从而发明了黑茶的制法。①

四川边茶因销路不同，又分为南路边茶和西路边茶。四川雅安、天全、荥经等地生产的为南路边茶②，过去分为六个花色③，现简化为康砖、金尖两个花色，清朝乾隆时代规定南路边茶专销康藏，见图 2-15；四川灌县（今都江堰）、崇庆（今崇州）、大邑等地生产的为西路边茶，有茯砖和方包两个花色，专销川西北的松潘、理县，相比南路边茶，西路边茶制法相对简单，将采割来的枝叶直接晒干即可，因此西路边茶更为粗老，见图 2-16。

---

① 照山. 谈谈四川边茶的始由 [J]. 茶叶，1983（02）.
② 茶学专家答读者问 [J]. 茶·健康天地，2011（08）：54-55.
③ 南路边茶过去的六个花色分别为毛尖、芽细、康砖、金玉、金仓。

图 2-15　四川南路边茶　　　　图 2-16　四川西路边茶

四川边茶有悠久的历史，是一款见证了时代变迁的茶叶，代表着中国源远流长和博大精深的茶文化。

（4）青城雪芽

青城雪芽起源于四川省都江堰市西南边的青城山。青城山最高海拔 2400 余米，峰峦秀拔云雾缭绕，山间有岷江支流石孟江穿流而过。夏无酷暑，冬无严寒，雾雨蒙蒙，肥沃的酸性黄棕紫泥，正是这些适合茶叶生长的独特条件造就了不可多得的青城雪芽。

青城山茶叶历史悠久，唐代茶圣陆羽曾在《茶经》中记有："青城县有散茶、贡茶。"五代毛文锡也曾在《茶谱》中这样写道："青城，其横源、雀舌、鸟嘴、麦颗，盖取其嫩芽所造。"到了宋代，青城山开始设茶场，专门制作青城山的茶叶。

青城山茶叶的制作非常讲究。首先，它采摘于青城山海拔 1000～1200 米的茶树，于每年清明前后数日采摘，并经过精心挑选的一芽一叶为制茶原料，再经过多种繁复经典的工序后制成干茶，其外形秀丽微曲，白毫显露，冲泡后汤色清澈明亮，醇爽甘甜，留香幽远。

同时因为青城山是道教文化中心，青城的品茶之风受到道教文化的影响，也为青城山茶叶增添了神奇的魅力。

（5）邛崃黑茶

邛崃黑茶起源于四川省邛崃市。邛崃市地处邛崃山脉东麓、成都平原西南边缘，多山地和丘陵，再加上河流众多水汽充沛，气候温和湿润，是茶树生长的绝佳环境，也是生产高品质茶叶的理想之地。

邛崃黑茶的历史悠久，据《古代的巴蜀》记载："汉有杨雄，司马相如……之徒皆饮焉。"由此可见，2100 年前的成都、邛崃一带已经有饮用邛崃黑茶的历史。唐代茶圣陆羽在《茶经》中记载："邛州盛产茶。"宋代《元丰九域志》记载："临邛有火井茶场，生产邛州贡茶，造茶成饼，二两重，印龙凤形于上，饰以金箔，每八饼为一斤入贡，俗称为砖茶。"

邛崃黑茶的制作采用中小叶种茶树的鲜叶为原料，采用摊放、杀青、初揉、渥堆、复揉、干燥等经典繁复的工序精制而成不同品种。按质量不同，邛崃黑茶可分毛尖、金尖、金玉、金仓、老穰五等。黑茶的干茶外形色泽黑褐，汤色橙黄，叶底黄褐，香气纯正，滋味醇和。

（6）四川小叶苦丁茶

四川野生小叶苦丁茶主要分布在四川省洪雅、雅安、广元、宝兴、万源、绵阳、宜宾、青城山、峨眉、乐山等地。其中在宜宾等地已经开始人工种植，且种植面积已初具规模，如宜宾筠连县乡间种植的苦丁茶达 5 万亩。[①] 因没有大叶苦丁茶的苦涩味却有绿茶的清甜，且冲泡之后汤色碧绿清澈，所以四川小叶苦丁茶又俗称"青山绿水"茶。

四川小叶苦丁茶属于木樨科粗壮女贞，其芽叶翠绿，外形紧细均匀，叶底鲜绿，清香四溢，饮之微苦，回味甘甜。

小叶苦丁茶中含有非常丰富的微量元素，其中锌的含量是绿茶的 2 倍多，硒的含量是绿茶的 20 多倍，并富含 8 种人体必需氨基酸，是一种具有清热解毒、明目清肝、益喉润肺等功效的纯天然健康饮品。

四川小叶苦丁茶是四川乡村人民勤劳智慧的结晶。出于对生活

---

① 陈杰. 四川宜宾苦丁茶生产与销售中存在问题及对策［J］. 茶报，2003（03）：23.

的热爱，即便是微苦的小苦丁叶，也能品味出生活的甘甜。

（7）凉山苦荞茶

凉山苦荞茶起源于四川省凉山州。凉山州位于四川省西南部，属亚热带季风气候。独特的光热资源和气候条件非常适宜苦荞的生长，被誉为"天然的塑料大棚"。凉山州的乡间田园是人类历史有文字记载以来最早种植和食用苦荞的地方，凉山的苦荞资源最丰富、种类最多、品质最优良，是中国生产无污染、纯天然苦荞麦的重要基地。

凉山苦荞茶有造粒型茶和全麦苦荞茶两种。其中，造粒型茶色泽呈现黄褐、黄绿或黑褐色，全麦苦荞茶形状为圆形麦粒或破碎麦粒。开水冲泡后茶汤清亮，呈浅黄色或黄绿色。品尝中有苦荞麦特有的香味，无异味，无肉眼可见杂质。凉山苦荞茶的营养成分也是非常丰富，特别是对人体有益的黄酮含量非常高。全麦苦荞茶总黄酮含量为1%以上，造粒型茶总黄酮含量高达2%以上。

第三部分 舒适宜人各具特色的 四川乡村民居文化

　　建筑是人们生活中的重要组成部分，主要对应着"衣食住行"中的"住"，而人们的饮食起居都是在建筑物内实现，因此建筑属于消费文化的重要代表。在不同的时期，建筑形式上存在明显的差异性，各个地区的建筑也各有千秋，这不仅代表了当地工匠的技艺水平，也体现了不同的文化特征。① 各地乡村居民为满足生产和生活的需求，根据自己的生活习俗、生产需要、经济能力等结合本地的自然条件和材料，因地制宜地建造民居。据四川省勘察设计协会的研究，现在四川民居有井干式、干栏式、四合院式、碉房、帐篷5类。在大量的四合院式民居中，按其使用功能可归纳为宅第、庄园、宅院、店居、农舍等5类。② 其中，井干式、干栏式、四合院式多是川西汉族居民的特点，帐篷主要存在于游牧民族中，与他们的生活习惯保持一致。在历史上，干栏式民居属于一种多功能的建筑形式，大多划分为上、下两层，分别用于住人和储物，或者是在下层中饲养牲畜。到了东汉时逐步兴起了院落式建筑，而到了明清时期，已经出现了更为成熟的四合院。巴蜀四合院不仅具有北方四合院的封闭性特征，同时具备了南方院落的特征，因此实用性更

---

① 苟安经. 巴蜀地区农村文化建设研究 [D]. 咸阳：西北农林科技大学，2011.
② 四川省勘察设计协会. 四川民居 [M]. 成都：四川人民出版社，2004.

强，满足了当地群众生产和生活的要求。[①]

伴随着王朝兴衰更迭与大规模的人口迁徙，四川乡村民居在几千年的演变和发展过程中，与中原及其他地区建筑文化之间相互影响、相互交融，呈现出多样性的特征。归纳起来大致有以下几个方面。

一是，四川乡村民居注重选址，因地制宜，追求与自然环境相融合。

不论平原、丘陵、山地等自然条件如何变化，四川乡村民居都贴近于自然，减少了人为雕琢，一切因地、因材、因人制宜，力求与周围自然环境和谐相融，体现了人与自然相互依存的择居自然观。从选址上来看，四川乡村民居大多注意环境保护，许多民居都依山傍水而建，因山水就势，尽量不破坏周围环境，例如位于山区的乡村大多选址于背风向阳、坐山面水的台地，比较偏爱三面环山的"椅子"型地形，这种选择原则可以说是四川乡村居民生活实践经验的总结和审美追求的概括。从使用的建筑材料上来看，四川乡村民居建筑讲究就地取材，因此四川各地乡村民居的建筑材料有较强的地域性，存在明显的差异。例如在丘陵等地区，墙体材料主要采用版筑夯土，而房屋顶部则主要是木材以及椽子等形成，满足了建筑整体性的要求，山区建筑则更多地采用了木材以及石材等，在实现资源利用的同时降低了建筑的成本，具有更高的性价比。

二是，四川乡村民居巧用地形，合理布局，设计灵活，造型丰富多彩。

不同地区的乡村民居因地势不同而呈现出差异性。有的依河而建，有的依山而建，这些建筑都十分巧妙地利用地形条件争取更多空间，体现出独特的韵味。在四川东部山区中的建筑大多依山而建，建筑凹凸有致，非常有层次感；在四川中部地区主要是平原地形，由于地势平坦广阔，很多建筑错落有致，时而集中，时而分散，艺术气息浓厚，特别是部分沿着河流而建的建筑，体现出江南

---

① 四川省勘察设计协会. 四川民居［M］. 成都：四川人民出版社，2004.

水乡建筑的特色，但是由于河流水位变化明显，地基与河面往往保持了较大的距离。为适应四川多变的地形，四川乡村民居还具有布局合理、设计灵活的建筑风格，虽然大部分建筑都具有中轴线，但建筑并未受到明显的约束，在结构上没有过度追求对称性，更多地体现出自然又随性的特征，并且在房屋的修建上充分发挥穿斗式木结构的灵活性和简便性。

除此之外，四川由于山地较多，地势变化多样，乡村民居分布与北方平原有显著的不同，主要在于如何适应山区地形和农田分散的状况，住居多近农田，便于耕作，因此很少形成像北方那样集中的村落，而呈现出大分散小集中、星罗棋布的特点。有不少是单门独户，与周围的树林、场院形成一个独立的居住单元；也有三五户形成较大的院落集中居住。而在我国改革开放之后，很多乡村家庭受子女外出打工、求学、子女成家等影响，原先较大的四合院已经拆迁，取而代之的是新型的农村民居，但是这些建筑已经很少建设为四合院的形式。近年来，四川乡村民居逐步沿着交通沿线和小镇集中，也说明四川乡村文化在不断变化。[①]

三是，四川乡村民居适应气候特征，创造出多样的建筑手法。

四川盆地是高湿热地区，四川民居积累了多年的建筑经验，创造出许多既经济适宜又实用性强的建筑方法。例如四川盆地全年日照较少，夏季又高温多雨，因此在四合院的天井设计上，它的大小介于南北之间，即比北方小又比南方大，且一般为南北走向狭长形状的天井，这便于通风与采光；在结构设计上，为隔热、防雨、防潮，四川民居多为宽大出挑的屋檐；尤其特别的是，四川民居独有的竹编夹泥墙构造，这种墙体既透气又吸潮，被称为"可呼吸的墙"。

四是，四川乡村民居兼收并蓄，创新发展，多元融合。

纵观四川乡村民居发展历程，我们可以看到，四川乡村民居与北方中原建筑文化和周围地区的建筑文化相互影响，在交流融合中创新发展。例如川北阆中、广元一带的乡村民居具有浓厚的川陕民

---

① 李后强. 古镇名村［M］. 成都：四川大学出版社，2015.

居混合的风格，房屋较为低矮，而房檐又较为深大，院落多以土墙为主；而川南一带受客家文化的影响，这里的廊坊街外形类似广东、广西的骑楼，但四川民居又有创新，在选材上多用穿斗架、夹泥墙、小青瓦等，呈现出独一无二的特性。

四川是多民族聚居的地区，历史上的民族融合与演变也必然会影响到民居建筑文化上来。川西阿坝、甘孜藏族、羌族地区，凉山彝族地区，川南与川东的土家族、苗族的吊脚楼等，在与汉族民居的交流中，都不同程度地相互影响，形成四川民居多元融合并存的局面。

一、江安县夕佳山民居

夕佳山古民居原为清代黄氏举人住宅，位于宜宾市江安县东南处的夕佳山镇。明万历四十年（1612 年）开始兴建，后经清、民国期间的几次较大修葺完善才达到了今天的规模。该民居四周青山环抱，坐南向北，前部开阔，规模宏大，占地约 15000 平方千米，总体来看，其属于典型的川南封建地主庄园，体现出古朴的环境，具有浓厚的自然与人文气息。该建筑中的房舍数量达到了 123 间，天井数量为 11 个，满足了多人口的住宿需求，其建筑面积达到了5146 平方米。[①] 在民居中，除了具备基本的建筑以及房屋之外，还搭配较多的树木、花草等，增添了整个民居的生活气息，富有生机和活力，当人置身其中时能够充分感受到大自然的美好，具有独特的韵味。它是我国保存完整度极为罕见的乡村民居建筑群。

夕佳山古民居充分利用了周围的自然条件，由于山体存在北高南缓的特征，建筑过程中结合自然条件进行规划设计，追求与自然的紧密融合。虽然具有明确的建筑轴线，但是建筑总体结构并没有受到轴线的约束，而是给人以灵活大气之感。其中，夕佳山民居也

---

① 邹敏，林柏，谭尚雨. 川南夕佳山古民居建筑风水文化及生态［J］. 环球人文地理，2016（20）：106−107.

十分重视功能与实用性，整个建筑以大门—前厅—后厅为中轴线将宅院分为左右两个部分，各个部分既张弛有度又有严格的功能区分，形成了一个多功能的四合院。中轴线左侧为主人居住与接待贵客的场所；右侧大多是佣人或者一般客人的活动场所，庭院各部分紧密衔接，层次分明，结构特征显著，这也反映了封建社会的等级思想。[①]

此外，夕佳山古民居建筑雕刻精细、意境典雅，在各个部位都可见不同的雕刻形式，包括门窗、墙体等，各个细微部分均体现出高超的雕刻技艺，凝结着工匠们的汗水和智慧，体现了其特殊的文化价值。[②]

二、阆中古城民居

阆中古城，地处四川盆地北部，嘉陵江中游，东邻仪陇、巴中，南接南部，西连剑阁，北毗苍溪，距省会城市成都仅 300 公里左右。它是中国春节文化之乡，中国四大古城之一，总面积达 4.59 平方千米，古城核心区域 2 平方千米。

阆中古城历史源远流长，距今已有 2300 多年的建城史。阆中商周属梁州，春秋属充国。战国后期，巴国灭充国并从江州迁都于阆中。为古代巴国、蜀国军事重镇，明末清初，清顺治年间设阆中为四川临时省会达 20 年（1646—1665 年）之久。悠久的历史给阆中留下了丰富的古建筑，其中民居不仅数量众多而且保存完好，别具特色。

现存的阆中古城民居院落，主要为明清时期的建筑。从风格上来看，体现出了多元融合的特征，即兼具南、北方园林的特色，包

---

① 中国民居建筑"活化石"——夕佳山民居 [J]. 资源开发与市场，2001（05）：20—21.

② 李婷婷，周建华. 川南夕佳山古民居园林景观分析 [J]. 南方农业（园林花卉版），2012，6（2）：22—26.

括南方园林以及北方四合院的特征，布局的形式多样化，主要有"多"字、"品"字、"T"字、"倒插门式""串珠"等多种形式，歇山单檐式木质穿斗结构错落有致。现保存较为完好的有胡家大院、秦家大院、马家大院等 50 余处。

胡家大院是一座典型的四合院式的院落，始建于清康熙四十二年（1703 年），因胡家以医传世，所以胡家大院包含了传统的中医文化。无论是照壁上的"松鹤寿星图"，还是雕梁画栋的门廊建筑，画面无不雕刻精美、题材丰富。

张家大院始建于清康熙二年（1663 年），包含三道门、四重天井，是典型的天井型建筑。院内青砖碧瓦，楼台厅堂古朴雅致，是一处不可多得的古民居代表。

厚重的历史底蕴点亮了古朴典雅的阆中古城，源远流长的古民居依然活跃在人们的日常生活中，承袭着前人的智慧和生活，给这喧嚣的都市增添了一抹亮丽的风景。

三、崇州市杨遇春宅第（宫保府）

杨遇春宫保府是四川现存仅有的清代高级府邸，位于四川省崇州市大东街 306 号，是清代官员杨遇春府第。杨遇春生于崇州西门外白碾村，乾隆时考中武举。其后为朝廷冲锋陷阵，战功赫赫，官至陕甘总督，平定了英帝国主义支持的张格尔分裂叛乱，晋封太子太保。清道光十二年（1832 年），建府第于崇州城内，称其为"宫保府"，即现在的崇州博物馆。

据传当初建造宫保府是参照陕甘总督府的样式修建的，坐西向东，规模宏大，院落重重相连，四周高墙森严，从布局到结构都体现出清代高级官员府邸的特征。图 3-1 和图 3-2 分别为杨遇春宫保府大门和大厅。

图 3-1　杨遇春宫保府大门　　　　图 3-2　杨遇春宫保府大厅

宫保府建筑为两进院落，其风格为典型的中西合璧式。大厅之后，鳞次栉比的房间左右相连数量众多，共计有 50 余间，包括厅房、厢房、客房等。此外，宫保府内设有戏台，戏台顶部采用卷棚式望顶，视觉开阔，廊柱上饰以汉纹牡丹花雕刻，专供听戏喝茶之用。

杨遇春宫保府不仅体现了古人高超的建筑艺术，同时也是古代对于忠臣良将的褒奖。虽然时过境迁，但是杨遇春的光辉形象依然牢牢地树立在人们的心中。

四、峨眉山徐宅

峨眉山徐宅是一座坐落于万年寺附近的山间别墅小院。徐宅极其注意与环境的融合，巧妙地利用了自然地形，将人与环境有机地结合起来，与四邻环境协调，其选址十分讲究，背依群山，面向秀林，虚实结合，错落有致，并用古林修竹、挖池堆石加以点化，具有特殊的韵味。

徐宅木结构的灰瓦屋顶，外观朴实并与山野相融，浸润在峨眉秀丽的山色环境中，从登山道旁一柴门径由一段石径，进入其三合院庭院。庭院正中为退堂屋，左右两边为书房，书房为前伸的吊脚楼，四周环抱空廊，并设有精巧的美人靠，书房下方是堆放柴火的地方，两个书房之间垒石堡坎，筑有矮墙，构成了退堂屋前的小花园。憩座堂中，近可观赏园中秀色，远可眺望山岚风光。三合院后面是一天井院落，天井四周房屋以檐廊串联，是主要的居住空间。天井之后是一座二层的阁楼，登楼远眺视野更为开阔，空濛、云山、林影尽收眼底。整座宅院小巧玲珑，开合自如，错落有致，是为峨眉山中美丽一景，见图 3-3。

图 3-3　峨眉山徐宅前门与庭院

五、大邑刘氏庄园

大邑刘氏庄园，即大地主刘文彩后来修建的刘氏庄园，位于川西平原大邑县安仁镇，占地余 0.07 平方千米，总建筑面积 5300 平方米。该建筑为中国近现代社会的重要史迹和代表性建筑之一。①

刘氏庄园在 20 年间（1923—1942 年）逐步修建形成，规模庞大。该庄园分为 8 个大院：前院、正院、后院、朱漆大院、逍遥宫、花园独院、厨工园和收租院。前院又分正院和后院，为最早修建的四进四合院，后院中还建有佛堂。②

大邑刘氏庄园包括南北相望的两大建筑群。南部是刘文彩的老公馆，1932 年建造；北部是刘文彩为自己和弟弟刘文辉修建的新公馆，1942 年落成。大邑刘氏庄园内有一座三层"小姐楼"，又称

---

① 杨青娟，张先进. 从大邑刘氏庄园看外来文化对中国建筑的影响 [J]. 华中建筑，2001，19（2）：9-11，17.

② 郝宁邻. 四川近代史上的重要史迹和代表性建筑大邑刘氏庄园 [J]. 四川文物，2000（05）：47-48.

"绣楼"，建筑精妙，风格独特。

大邑刘氏庄园博物馆是典型的川西坝子建筑风格，有长方形、方形、梯形、菱形等造型。楼阁林立亭台众多，雕梁画栋，建筑十分豪华。庄园内划分为多个不同的区域，主要有粮仓、大厅、账房、水牢、花园等多个部分。该建筑在历史的长河中见证了时代的变迁，不但反映了川西的建筑风格、风土民情，更重要的是，再现了当时川西人民的生活方式以及民俗文化，这些都是近代四川乡村文化的重要组成部分。

第四部分　独特人文韵味的四川乡村民间艺术文化

　　民间艺术是乡村文化的重要组成部分。中国是一个传统的乡土社会，乡村的土地滋养了无数辛勤劳作的人们，乡村的生产生活也孕育了丰富多彩的民间艺术文化。正如梁漱溟先生曾说过的："中国文化的根在农村。"这是对中华民族文化传统属性的高度概括。农业养育了我们的民族，同时也孕育了博大精深、灿烂独特的中华文化。[①]

　　四川作为农业大省，其乡村众多且分布广泛，是民间艺术文化的根系所在，因此造就了四川乡村多姿多彩、种类繁多的民间艺术，这些宝贵的民间艺术不仅在巴蜀大地上光彩熠熠，放在中华民族的文化宝库中也是无与伦比的艺术精品。例如著名的绵竹年画则是世世代代民间画师们勤劳和智慧的结晶，是地道的民族文化与乡土艺术；蒲江县明月村的陶瓷，还保留着4口以邛窑工艺烧制陶瓷的老窑，邛窑是四川烧制时间最长、产品最丰富、造型纹饰最美的陶瓷窑之一，始烧于南北朝，于唐代兴盛一时，距今约有1500年的历史，其中在邛窑中最为出名的便是近期入选成都市第十一批历史建筑保护名录的明月窑；崇州市道明镇竹艺村的道明竹编是国家非

---

　　① 安卫华. 对图书馆保护非物质文化遗产职能的审视［J］. 科技情报开发与经济，2011，21（27）：75-77.

物质文化遗产。四川众多的优秀民间乡村艺术文化被列为非物质文化遗产。据统计，截至 2019 年，四川省已有联合国教科文组织非遗名录项目 7 项[①]，国家级 139 项、省级 800 项、市（州）级 1379 项、县级 3385 项。其中仅国家级和省级非遗项目名录中传统手工艺项目就共 250 项。[②]

　　四川乡村孕育了丰富的非物质文化遗产，以竹编雕刻、蜀绣织锦、藏药、中药、年画、唐卡、绘画及服饰等为代表的四川乡村民间艺术文化异彩纷呈，弥足珍贵，但多数却又濒危告急，因此为传承保护四川乡村民间艺术文化，2019 年，四川省在国家级非物质文化遗产项目名录的基础上，制定了第一批四川省传统工艺振兴目录，共 88 项，其中有 23 个项目入选《第一批国家传统工艺振兴目录》（见表 4—1），这些都说明四川乡村民间艺术文化独特灿烂，需要我们将优秀的乡村文化继承、保护和发展下去。由于篇幅原因，我们将在众多优秀的四川乡村民间艺术文化中选择四川入选《第一批国家传统工艺振兴目录》的 23 个项目重点介绍，因为它们最具代表性，最值得关注。

----

　　① 　四川省列入联合国教科文组织非物质文化遗产名录（名册）项目共 7 项：羌年、格萨（斯）尔、藏戏（德格格萨尔藏戏、巴塘藏戏、色达藏戏）、蜀锦（蜀锦织造技艺）、阆中皮影戏、藏医药（甘孜州南派藏医药）、中国雕版印刷技艺（德格印经院藏族雕版印刷技艺）。

　　② 　参见中国四川非物质文化遗产网，中国非物质文化遗产保护名录，http://www.ichsichuan.cn/。

表4-1　四川入选《第一批国家传统工艺振兴目录》的项目列表

序号	项目类别	项目名称	分布地区
1	纺染织绣	蜀绣	成都市
2		羌族刺绣	阿坝州汶川县、理县、茂县、平武县
3		藏族编织、挑花刺绣工艺	阿坝州
4		麻柳刺绣	广元市朝天区
5		傈僳族火草织布技艺	凉山州德昌县
6		苗族蜡染技艺	宜宾市珙县
7		自贡扎染技艺	自贡市
8		蜀锦织造技艺	成都市
9		彝族毛纺织及擀制技艺	凉山州昭觉县
10		藏族牛羊毛编制技艺	甘孜州色达县
11		阆中丝毯织造技艺	南充市阆中市
12	服饰制作	彝族服饰制作技艺	凉山州
13	编织扎制	渠县刘氏竹编	达州市渠县
14		青神竹编	眉山市青神县
15		道明竹编	成都市崇州市
16	家具建筑	藏族碉楼营造技艺	甘孜州丹巴县
17	金属加工	藏族锻铜技艺	甘孜州白玉县
18	剪纸刻绘	绵竹木版年画绘制技艺	德阳市绵竹市
19		藏族唐卡绘制技艺（噶玛嘎孜画派）	甘孜州
20	陶瓷烧造	藏族黑陶烧制技艺	甘孜州稻城县
21	文房制作	竹纸制作技艺	乐山市夹江县
22	漆器髹饰	成都漆艺	成都市
23		彝族漆器髹饰技艺	凉山州喜德县

数据来源：四川省人民政府网，第一批四川省传统工艺振兴目录公布，http://www.sc.gov.cn。

一、纺染织绣与服饰制作

1. 蜀绣

蜀绣的"蜀",是古时对川西平原的称呼;蜀绣的"绣",即是用丝绒或丝线在布帛上刺成花纹图案。所谓"蜀绣",即是四川所特有的刺绣技术和活动,它也是以四川成都为中心的刺绣品的总称。蜀绣起源于四川民间刺绣,四川的刺绣如此闻名与四川发达的农耕文化密切联系。[①]

蜀绣历史悠久,清朝后期形成规模,在成都的九龙巷和科甲巷一带最为出名。蜀绣工序繁多,做工非常考究。蜀绣以本地产出的红绿色缎和散线为原料,用线工整,针法绵密,讲求"针脚整齐、线法光亮、紧密柔和、车拧到家"。蜀绣针法复杂,包括套针、参针、晕针、棚参针、斜滚针、族流针、编织针等。其产品也非常丰富,如嫁衣、卷轴、镜帘、花边、被面、枕套、鞋帽、裙子等。蜀绣既体现了高超的纺织技艺,也是蜀人生活中不可缺少的一部分。

2. 羌族刺绣

羌族刺绣,即羌族人民服饰上的刺绣装饰,主要集中在汶川县的绵虒镇、威州镇、龙溪乡、克枯乡、雁门乡、草坡乡等地。汶川县在1996年被文化部授予"中国民间艺术——羌绣之乡"。[②]

羌绣的针法主要有挑花、纤花、纳花、链子扣几种,挑花精巧细致,纤花、纳花清秀明丽,链子扣则刚健淳朴、粗犷豪放。羌绣图案题材十分广泛,大多来自生活常见的自然景物。其花样图案蕴含着人们对美好生活的追求,如"团花似锦"寓意着家庭生活美满,"鱼水和谐"象征着爱情甜蜜,"瓜果图"象征着丰收,"群狮

---

① 成都市地方志编纂委员会. 成都市志·丝绸志 [M]. 北京:方志出版社,2012.

② 王琴,杨雨鑫. 羌绣的创新开发与利用——以四川省阿坝州茂县、汶川羌绣开发为例 [J]. 魅力中国,2014(07):268.

图"象征着欢乐，这些都反映了羌族人民对美好生活的憧憬，见图4-1。

图 4-1 羌族刺绣

如今的羌绣早已成为羌族人服饰中不可或缺的一部分，不仅体现了羌族人民的艺术创造力和审美情趣，更体现了羌族人民对美好生活的向往和憧憬。

3. 藏族编织、挑花刺绣工艺

嘉绒藏族人民在不断吸收和创新汉族挑花刺绣工艺的基础上，形成了具有鲜明特色的编制、挑花刺绣工艺，这是有别于其他地区的一种具有民族特征的民间工艺，体现了该民族的审美风格和民族文化，主要集中在四川省阿坝藏族羌族自治州的金川县、小金县、理县和汶川县。

嘉绒藏族将传统编织工艺与挑花刺绣工艺融为一体。刺绣工艺精湛、针法不受限制，绣出的花草纹样形象丰富，使其服饰更加绚丽多彩，是藏族服饰最鲜明的地域特色；尤其是头巾上的刺绣上最为精美，在一块青布头巾上，一端作金丝缎，一端刺绣花纹。精致的头帕不仅是嘉绒藏族的装饰物，而且是定情、订婚的珍贵礼品。

4. 麻柳刺绣

麻柳刺绣又称"扎花"，是流传于四川省广元市朝天区境内的麻柳、鱼洞、临溪、小安等一带的民间刺绣艺术。

由于麻柳刺绣生长于广元偏僻的乡村，原始而质朴、淳朴而秀美，其图案本真自然，色彩艳而不俗，具有浓厚的"乡土味"，是川北人民对生活的总结和升华，其图案和题材都来源于生活，如耕种收割、婚嫁礼仪、人物、山水、动物等。艺术来源于生活又高于生活，人们通过抽象、夸张、概括、变形等方式将这些生活元素赋予了新的含义，并以此来表达人们对美好生活的期望。

麻柳刺绣其绣制方法非常繁复，其中最主要的是绣花、挑绣，此外比较常见的还有架花、挑花、扎花、串花、游花等8种绣法，形成的作品颜色层次各异，给人以强烈的视觉冲击。

5. 傈僳族火草织布技艺

德昌县傈僳族火草织布技艺，是指凉山州德昌县的傈僳族同胞口耳相传的古老的纺织技艺，其中以居住在凉山州德昌县的金沙和南山傈僳族乡，汉区的巴洞乡团结村、宽裕乡新裕村、乐跃乡沙坝村等傈僳族小聚居村落为典型代表。

傈僳族的火草麻布用料十分独特，其中包含火草线和火麻线两种原材料。火草是一种只适合在夏天收割的野生植物，一个青年男子需要用将近10天才能采到1斤火草。每年六七月间，傈僳族妇女们将采摘的火草叶片洗净、稍焐，剥下叶背面白色纤维层，搓成线，绕成团，做成火草线。一个熟练的傈僳族织女，每小时也只能纺出5~6厘米的线。而火麻线则是把麻秆浸泡后剥下外皮纤维，纺成线，绕成团，制成火麻线。编织时，麻线与火草线相互交织，这样编制而成的产品结实耐磨、冬暖夏凉，深受广大傈僳族同胞的喜爱。

傈僳族的火草麻布制作工艺极为复杂考究，过程耗时费力，周期较长，需要经过采、撕、割、晒、淋、泡、理、漂、绕、纺织等20多个环节，全程都是由纯手工来完成，所以制作一件火草布衣往往需要好几个月的时间。成品的火草布有单层或双层的，有带斜方格的图案、带花边的腰带等，冬暖夏凉，美观大气，见图4-2。

傈僳族的火草麻布，不仅体现了傈僳族同胞在织布方面的天赋和智慧，其中繁复的工艺和全程纯手工的制作，更是倾注了傈僳族人民对生活的热爱。

图 4-2　火草及傈僳族火草织布

6. 苗族蜡染技艺

苗族蜡染技艺是指宜宾市珙县南部山区的罗渡苗族乡广大的苗族同胞传承的古老印染工艺，也被称作"刀尖上的绘画艺术"。

苗族蜡染技艺历史悠久，根据历史记载，早在秦汉时代，苗族人民就已掌握了蜡染技术。珙县蜡染更是在所有苗族蜡染技艺中独树一帜。苗族蜡染工艺精细考究，苗族蜡染取材天然，如蜂蜡、植物靛蓝等天然材料。其工序包括纺麻或纺棉、织布、蓝叶提取靛蓝、蜡绘、渍染、去蜡、精加工等一系列复杂考究的过程。据清代《珙县志》记载："罗渡苗民取蜡溶而绘于布，染后煮布系蜡，显纹如绘。"

蜡染成品的每个图案都是即兴创作，结构严谨，线条流畅，在写实的基础上又有写意的韵味，给人以很强的视觉冲击。其色彩以蓝白为主，红、绿搭配，间有微量彩绣，既清新淡雅，又古朴明亮，见图 4-3。每一幅作品都是独一无二的，所以更是别具特色。

广大的苗族同胞在发挥魅力无穷的蜡染技艺的同时，也常常将蜡染成品做成衣饰、百褶裙、围腰、卧单、枕巾等，不仅具有鲜明的美学色彩和民族特色，更是非常实用的日常生活用品，蜡染技艺成为苗族同胞生活中不可分割又别具特色的亮丽风景。

图 4-3　苗族蜡染

7. 自贡扎染技艺

自贡扎染技艺是一种独特的工艺形式，即把成段的绸布结扎成花，放入蓝靛中浸染，并自然形成色晕的一种染色方法，其广泛流传于四川省自贡市。自贡扎染技艺历史悠久，最早可以追溯到秦汉时期，到了唐代开始普及，被称为"绞缬"。

自贡扎染一般以棉白布或棉麻混纺白布为原料，以蓼蓝、板蓝根、艾蒿等植物的蓝靛溶液为染料，通过画刷图案、绞扎、浸泡、染布、蒸煮、晒干、拆线、漂洗、碾布等工序，制成色彩斑斓、质量上乘的产品。同时，这样的染色的织品扎痕耐久，纹样从中心向四周呈辐射状分布，视觉效果好，再加上其图案如人物、动物、花草、书法等不同程度地呈现在扎染成品上，更为自贡扎染增添了一抹神奇的颜色，见图 4-4。

图 4-4　自贡扎染

自贡扎染技艺不仅是艺术，更是生活。扎染的产品可以做成壁挂、丝巾以及各色服饰。其中，扎染丝巾是深受现代妇女喜爱的装饰品，扎染全棉汗衫、扎染连衣裙、扎染裤子、扎染袜子等成品美观舒适，其中的自然花纹与定位花形更是给人以回归自然的愉悦感。

8. 蜀锦织造技艺

蜀锦是指流行于四川成都地区的一种多彩提花织造产品。蜀锦的历史久远，最早可以追溯到汉代，早期以多重经丝起花为主；到了唐代，品种繁多，图案更加丰富，如团花、莲花、格子、龟甲、对兽、对禽、翔凤等；清代以后，花样品种不断增加，尤其在1949年后，蜀锦生产走上了合作化的道路，由手工作坊发展为机械化生产。现在的蜀锦样式多达数百种，而且特色鲜明，有呈彩条状并饰有花纹的雨丝锦、丹华锦，有似梅花、桃花的浣花锦等。

蜀锦不仅融合了历史的积淀，更饱含了时代的元素。其产品种类丰富，质地深厚，织纹细腻，已深入广大人民群众的日常生活当中，并成为各大名锦中最富传统和民族特色的丝织品，给成都这座"锦官城"增添了一抹亮丽的颜色。

9. 彝族毛纺织及擀制技艺

彝族毛纺织及擀制技艺，指的是流行于四川省西南部凉山彝族自治州昭觉县的一种民间纺织工艺。凉山彝族自治州的海拔2500米左右。长期以来，勤劳智慧的彝族人民就地取材，多采用羊毛和羊皮制作服饰，如"瓦拉""加什""毛裙""毡帽""毡袜"等。

彝族毛纺织及擀制技艺的历史渊源深厚，凉山彝族的织品中，以"加什"（披毡）的擀制和"瓦拉"（习称擦尔瓦）的纺织最为重要。加什是凉山彝族的一种基本服饰，为彝族群众的生活必需品之一。加什的擀制选用优质的柔软羊毛，先把羊毛弹松铺到专用竹帘上，而后喷水打湿，再用竹帘把它裹起来滚动到羊毛凝结，如此反复方能成功。加什有单层和双层两类，颜色以黑、白色或染成的蓝色为主，男女老少皆宜。瓦拉则是另一种彝族具有代表性的服饰，制作工艺也极为精细考究，包括剪毛、捻线、弹毛、搓线、织毛布、缝制等技艺。

以"加什""瓦拉"为代表的彝族毛纺织及擀制技艺，不仅是彝族同胞勤劳和智慧的结晶，也是凉山彝族传统社会中非常普遍的家庭副业，更是他们就地取材创造生活的历史见证。

10. 藏族牛羊毛编制技艺

千百年来，四川省甘孜州色达县藏族牧民从日常生活用品到衣着和居住帐篷等，都离不开牛羊毛编制技艺。色达县牛羊毛编制技艺主要是以牦牛、绵羊、藏山羊等牛羊毛为原料，应用纺织、擀制工艺加工生产成日用品的民间工艺，既保温防潮，又经久耐用，极具青藏高原特色。藏族牛羊毛编制技艺有着悠久的历史，据藏族古籍《智者喜宴》记载："第六囊囊恶魔统治时，郎当灵当之间发明了蜂蝗石带。"这是西藏史料中有关远古时期藏族纺织方面的记载。"蜂蝗石带"藏语称"乌朵"，即投石器，虽然我们无法考证原始纺织物出现的最初年代，但通过这一记载，可以推断，早在远古时期，藏族的祖先就已经懂得编织织物了。起初，就像现在西藏广大农牧区藏族人能够熟能生巧地编织各种绳索一样，人们用纺锤捻线，手工编织较短的绳索。①

到了现代，甘孜州色达县的藏族牛羊毛编制技艺就是其典型代表。藏族牛羊毛编制技艺包括牛羊毛绒编织工艺和牛羊毛擀制工艺等。其中，牛羊毛绒编织工艺包括从原材料加工到纺线、织褐、裁剪、缝制整个流程，而牛羊毛擀制工艺则需独立完成。勤劳智慧的色达县藏族人民，首先将牛羊毛浸泡在热水中，再用挤压、碾轧和揉搓等方法让毛绒紧密地黏合在一起，形成"毡"，也就是一种不需要纺织的毛织品，最后融合独特的藏族牛羊毛编制技艺做成各种产品，如袋子、地毯、氆氇、背篓、鞍鞯、卡垫、围裙、藏被、服

---

① 索朗措姆. 山南邦典民俗文化研究［D］. 拉萨：西藏大学，2010.

装、藏包、藏靴等日常生活用品。色达县气候属大陆性高原季风气候，年平均气温－0.16℃，而且海拔较高，因此结实耐用、柔软、保暖性能好的牛羊绒制品为广大的藏族同胞应对自然环境、创造美好生活做出了不可磨灭的贡献。

11. 阆中丝毯织造技艺

阆中丝毯织造技艺，即阆中百姓以蚕丝为原材料编制成丝毯的民间工艺，做工复杂考究，因而也被称为"东方软浮雕"。它是农耕时代的产物，是农民们在农闲时进行的民间工艺活动。

中华人民共和国成立前，阆中有张家花卉、薛家山水、大佛寺李家佛像等著名家族作坊10余家，一个家族数代人都从事丝毯编织工作，经过多年的家族累积形成了各自不同的丝毯织造风格。丝毯图案古朴典雅，构图严谨，造型活泼新颖，是绘画和编织技艺的完美融合，具有极高的艺术价值。

阆中丝毯织造技艺非常繁复考究，耗时极长，包括挂经、过纬、打底栽绒、砸耙子和手工平毯等工序。一幅丝毯的质量取决于经线的道数，道数越多，质地越紧密结实，而阆中丝毯每米丝线道数可达1300余根，织成的毯背细密紧实，且所有经纬线打结缠绕全由手工完成，一个成熟的技工每年仅能编织3~4平方米的丝毯，可见编织丝毯的精细度之高、难度之大，并且编织成型的丝毯还只是完成了整个工序的一半，同时还需要熟练的工人根据不同的图案用不同的手法进行修饰，使得丝毯上的图案凹凸有致，有浮雕感。

阆中丝毯因其原材料讲究，技艺独特，所以产量一直较低，价格昂贵。但因其独特的传统工艺和艺术价值，一直被视为阆中民间工艺的代表。

12. 彝族服饰制作技艺

凉山彝族自治州是中国最大的彝族聚居区，也是保留彝族传统文化最多的地区。长期以来，勤劳智慧的彝族人民就地取材，多采用羊毛和羊皮制作服饰，经过历史的积淀形成了丰富多彩、极具特色的彝族服饰艺术。

凉山彝族服饰，承袭传统彝族服饰风格，种类繁多，各具特色，根据不同标准可以分为不同类型的专用服饰。它作为一种地域乡村物质文化，是对凉山彝族文化、社会生活的集中体现。

彝族服饰制作技艺考究，彝族妇女以织、绣、挑、贴等手法在衣服的衣领、衣襟、袖臂、项背、下摆、裤筒、裤脚、帽子、头帕、挂包、围腰、裙边等部位装饰各种花纹，最常用的工艺还有贴花、挑花、穿花、锁花、盘花、补花以及刺绣、滚绣等，创造了古朴典雅、绚丽多彩、特色鲜明的彝族服饰。

彝族服饰是民族美学的典型代表，不论从彝族服饰的穿着习俗还是其制作工艺来看都体现着彝族同胞的勤劳智慧和对生活的无限热爱。

二、编织扎制

1. 渠县刘氏竹编

达州市渠县刘氏竹编，指的是在四川渠县渠江镇一带流行的加工竹器的传统民间工艺。其中以中国竹工艺大师、中国民间工艺美术家、四川省工艺美术大师刘嘉峰先生创建的四川刘氏竹编工艺有限公司为典型代表。

刘氏竹编精选优质慈竹为原料，经过砍竹、破竹、烤色、去节、分层、定色、刮平、划丝、抽匀等30多道工序，全程纯手工操作，耗时极长。工艺产品包括数10个大类，近千个花色品种。制作生产的刘氏竹编字画、提花瓷胎竹编、双面竹丝编、竹编台屏等工艺品，设计新颖，技术精湛，薄如绫绢，尤以编工精细见长。虽以竹作画，但极富笔情墨趣，各种图案栩栩如生，具有浓郁的民族风格和乡村特色，是乡村人民艺术创造力的体现。因此，渠县竹编具有很高的工艺价值和艺术价值。

2. 青神竹编

青神竹编是四川省眉山市青神县特产，它以筒长节稀、质地柔韧的优质原竹为原料，以纯手工的形式编织成各种人文景观、书法作品、名人画像等系列文化产品，不仅形象美观，更因其独特的技艺饱含了更多的艺术价值，曾荣获中国国家地理标志产品的头衔。青神县也成为国家文化和旅游部命名的全国竹编艺术乡村。

青神竹编历史悠久，唐宋时期就已经有了竹编的生产生活用具，到了明代，竹编器具开始迈向工艺品的领域。到了清代中期，竹编工艺达到了更高的水平，青神袁氏艺人编织的"寿"字宫扇是这一时期的典型代表。20 世纪 80 年代后期至 90 年代中期，青神竹编竹画编织技艺迎着改革开放的春风得到进一步发展，开发出的新产品共有 7 个系列，3000 多个品种。其中代表作有《中国百帝图》《清明上河图》等，具有很高的艺术价值。

青神竹编，从远古先民手中普通的生产生活用具，发展到现代品种丰富、特色各异的艺术品，不仅见证了青神乡村社会的变迁，乡民们生活的改变，更是无限热爱生活的青神人智慧和汗水的结晶，是他们对生活的体味和总结。

3. 道明竹编

道明竹编，指的是位于川西平原的崇州市道明镇以慈竹为原料加工而成的竹制产品。因其所产竹编造型别致、精巧细腻、经久耐用，曾荣获中国国家地理标志产品称号。地处四川西面的崇州市道明镇，拥有非常丰富的竹资源，农家房前屋后，荒山野岭，遍地栽植慈竹，四季常绿，郁郁葱葱。慈竹剖成篾块、篾丝，编织席垫、筛、篓、筐等，是乡村居民普遍从事的手工副业。近年来，道明镇的竹编行业已逐步成为村民增收的主要方式。[1] 道明竹编事业的发

---

[1] 席晴琴，李永春. 崇州市道明竹编现状及发展趋势 [J]. 美与时代（上旬刊），2015（06）：43－44.

展，在乡村振兴中扮演了重要角色，道明镇竹艺村的一栋建筑——"竹里"，作为乡村振兴的一个范例，出现在2018年威尼斯国际建筑双年展上，生动形象地展现了道明竹编的高超技术和竹艺村"竹里有院，竹外有田"的乡村意境和文化。

道明竹编的工艺非常复杂考究，首先优选优质的慈竹，经过去青皮、剖片、日晒、划篾丝、染色等工序后得到编织材料。具体的编织工艺包括起底、编织、锁口3道大的工序，再融合编、绞、琐、插、拉、穿、扣等传统工艺，纯手工编织出各种造型奇特、工艺精美的艺术品和日用品，如竹兜、竹篮、竹盘、竹碗、竹扇、竹灯笼、竹盒等，此外还有各种竹编玩具，花色及品种达200余种。

道明竹编在日常生活中的运用非常普遍，其产品多是日常生活所需，但因人们通过高超的编织技艺赋予了它新的生命，所以其产品不仅结构紧密，美观大方，更是具有很强的实用性。道明竹编结实耐用，可以做滤水工具甚至直接蒸煮。道明竹编既是人们为了生活而做的发明，更是人们创造美好生活的见证。

三、家具建筑与金属加工

1. 藏族碉楼营造技艺

位于四川省西部的甘孜州丹巴县，是嘉绒藏族的主要聚居地。县内大渡河两岸分列着许许多多的古碉堡楼群，其造型奇特、规模宏大、类型多样，是古建筑遗留的艺术瑰宝，所以丹巴县素有"千碉之国"的美称，并在2005年被《中国国家地理》杂志评为"中国最美丽的乡村古镇"。[①]

丹巴县古碉堡群历史悠久，古碉的建筑历史从唐代至清代，历经千年，而且数量众多。2022年，丹巴全县现存有古碉堡楼562

---

① 林俊华. 丹巴县特色文化资源调查［J］. 康定民族师范高等专科学校学报，2006，15（3）：10－14.

座。① 丹巴藏族碉楼大体可以分为要隘碉、烽火碉、寨碉、家碉 4 类，其中以家碉、寨碉的数量最多。碉楼的建设多临近村寨住房，高度在 10~30 米之间，用以御敌和贮存粮食柴草。碉楼有四角、六角、八角这几种形式。建筑材料是石片和黄泥土，所以墙体光滑缝隙较小，是古人建筑智慧的完美体现。

丹巴县古碉堡群也体现了丹巴的聚落文化，人们随处都能看到碉楼林立，一座座高大的石碉楼或居山岭之巅，或扼交通要道之冲，或雄踞村寨之内外，山山岭岭，村村寨寨，无处不有，十分壮观。

现在的丹巴碉堡虽已经从历史的舞台中退去了，但是古人们高超的建筑艺术和智慧的结晶永远闪耀着光辉，成为一道亮丽的风景线。

2. 藏族锻铜技艺

藏族锻铜技艺，指的是位于甘孜州白玉县的藏族同胞们高超的铜加工技术。白玉县藏族村民对金属的加工有着自己独特的感悟，形成了一系列金属加工技术。能制造出各种生产、生活和与宗教相关的产品，白玉县有"手工艺之乡"的美誉。

白玉县藏族村民的金属加工技艺历史源远流长，最早可追溯到唐朝初年。宋代的岭·格萨尔王时期，白玉县的河坡乡素有"格萨尔兵器库"之称。元明清三代，河坡乡金属手工技艺得到大幅度的发展，不仅生产兵器，也生产一些生活用品，如马鞍、马镫、酥油灯、净水碗、净水瓶等佛具，以及银碗、耳环、头花、腰带、项链等生活用具。

在所有的藏族锻铜技艺中，典型的代表就是藏刀。藏刀大体可以分为男式长腰刀、中长腰刀、吊刀，女式吊刀、刺刀、格萨尔刀几类。白玉县藏族村民所锻造的藏刀，刀面光滑亮丽，刀刃锋利无比，刀柄用牛角或枣木等硬木制成，然后在刀柄上缠绕铜丝，刀柄

---

① 丹巴，历史悠久，文化厚重 [EB/OL]. [2022-05-09]. http://danba.gov.cn/.

顶端包上铜皮并刻上图案。刀鞘上刻龙凤、虎狮、花卉鸟禽等图案，有些甚至会镶嵌翡翠和玛瑙等珍贵宝石。河坡乡的根嘎、先锋、则五等村和热加的麻通等村主产藏刀。工匠生产藏刀的工序达上百道，耗用原材料13种以上。以生产一把质量较高的7寸藏刀为例，制作刀身需9道工序，刀把需40道工序，刀鞘需45道工序。[①]

精美的藏刀成为藏族人民的生活必需品和装饰品，是广大藏族同胞生活中不可或缺的民族特色元素，其中蕴含的高超锻造技术，更是当地藏族村民勤劳和智慧的结晶，是人们热爱生活的体现。

四、剪纸刻绘

1. 绵竹木版年画绘制技艺

绵竹木版年画绘制技艺，指的是四川省德阳市绵竹市剑南镇、拱星镇、清道镇、新市镇、孝德镇一带古老相传的民间年画制作技艺。绵竹木版年画历史悠久，最早可以追溯到宋代，到了明清时期得到大幅度的发展，拥有专业的年画制作人员900余人，以及大大小小规模不一的作坊300多户。据《续编绵竹县志》记载："绵竹年画远在明代已有相当成就……当时四川泸州及陕西蒲城地区已贴过内容喜庆的绵竹年画。"绵竹木版年画的题材非常丰富，包括门神画、戏曲故事、山水花鸟、写景纪实、吉祥图案等。绵竹年画最美好的状态其实不在画坊，而是在绵竹的乡村，如年画村等。这里的村庄不管时代如何变迁发展，只要走进村落就能体会到"家家会点染，户户善丹青"的千家农户亦锄亦笔创造的川西农耕文化的"桃源"之意。

绵竹木版年画绘制技艺非常考究。首先选用优质的银杏木、红豆木或者梨木等作为年画原料，小木锤、刻刀、铲子、棕刷和擦子、笔、花戳子等专业工具，经过画稿起样、雕刻画版、印墨、手

---

① 四川省白玉县地方志编纂委员会. 白玉县志［M］. 北京：方志出版社，2010.

工彩绘等工序，制作出各种特色各异、风格独特的绵竹木板年画。其代表作品有《三猴烫猪》《连年有余》《春官偷酒壶》《老鼠嫁女》等，见图4-5和图4-6。

图4-5　绵竹木板年画代表作品《三猴烫猪》　　图4-6　绵竹木板年画代表作品《连年有余》

　　绵竹木版年画的主题多样，大多是人们喜闻乐见的故事传说或川剧精品或乡村生活的真实写照，体现了村民们对美好生活的憧憬，传递了浓厚的乡土文化。绵竹木版年画构图饱满，造型生动，色彩艳丽，题材广泛，给人以美的享受。

2. 藏族唐卡绘制技艺（噶玛嘎孜画派）

　　唐卡，又名唐嘎、唐喀，是藏文音译，指的是用彩缎装裱后悬挂供奉的宗教卷轴画。而藏族唐卡绘制技艺指的就是藏族同胞绘制唐卡的传统民间工艺。其中，位于四川省甘孜州德格和西藏昌都为中心的东部藏族聚居地是噶玛嘎孜画派的繁荣地带，称为"噶玛嘎孜画派"，简称"噶孜派"。

　　噶玛嘎孜画派的唐卡有着深厚的历史积淀，其创派人物南喀扎西活佛以南亚梵式铜佛像为例，融合勉唐派绘画大师嘎丹夏觉巴·页觉彭德和八世噶玛巴活佛米久多吉的一些要素，写成了《线准太阳明镜》一书，从而形成了噶孜画派的理论基础。之后的十世噶玛巴曲英多吉借鉴汉族界画和青绿山水技法，以工笔色彩绘制唐卡。

稍后的噶玛嘎孜画派又出现了两位新锐的画家将藏族唐卡的制作推向了新的阶段。其中一位是却吉扎西，擅长青绿设色；另一位是噶旭噶玛扎西，匠心独创。后世把南喀扎西、却吉扎西、噶旭噶玛扎西称为"噶孜三扎西"。

唐卡的内容丰富、种类繁多，包括佛像唐卡、传记唐卡、历史唐卡、神话传说唐卡、教理唐卡、天文唐卡、历算唐卡、藏医药唐卡等几大类。其制作技艺繁复考究，成本较高，制作一幅唐卡要经过选布、固定画布、勾草图上胶、打磨、矫正画布、打线、勾草图、上色、勾线、开脸等工序。其中以各类天然颜料为母色，以金、木、水、火、土、石、骨、花、草九大支，可调出 32 中支，158 小支多种颜色，再装饰以黄金，其成品色彩浓重显得富丽堂皇，最后再用纯手工进行装帧，就成为人们眼中神圣美观的藏族唐卡。

五、陶瓷烧造与文房制作

1. 藏族黑陶烧制技艺

藏族黑陶烧制技艺，指的是流行于四川省甘孜藏族自治州稻城县赤土乡阿西村一带的民间传统制陶技艺，以黑陶为主，被称为阿西黑陶。

阿西村位于海拔 3000 多米的青藏高原东部亚丁雪山脚下，是所属稻城县最为偏远的村庄之一，而这个悠远僻静的小山村却因世世代代以纯手工制作阿西黑陶而闻名。2008 年，阿西土陶烧制工艺被列入中国非物质文化遗产名录。阿西黑陶的材质选取、装饰手法、烧制技艺都非常与众不同，是当地乡村百姓在多年的生产生活中经过不断摸索而逐渐总结的。它不仅有较强的实用性，蕴含着独特的美学价值，更是藏族村民们智慧的结晶。目前阿西村有多户人家仍然依靠制陶为生，除了较重要的节日、农忙外，其余时间都在从事黑陶制作，阿西村因而也成了黑陶工艺村。

阿西黑陶的制作工序繁复，用料也十分考究。首先优选当地特有的黏性泥土，再融合其他能够增强硬度的泥土混合成为制陶的原料，然后借助捏、捶、敲、打等技艺纯手工制作，经过反复雕琢之后方可成型，成型之后的黑陶胚胎再用碎瓷反复挤压印花进行装饰，大体制作完成以后再进行烧制，选用当地产的松柴烧制，在高温的作用下黄褐色的陶土逐渐变为黑色，最后成为我们所常见的黑陶。其产品包括陶锅、陶罐、陶盆、陶壶、陶瓶等日常生活用品，见图4-7。

藏族黑陶烧制技艺，是藏族同胞在生活中的发明和创造，它在历史的长河中见证了藏族同胞创造生活、克服困难的光辉历史。

图4-7　藏族黑陶产品

2. 竹纸制作技艺

竹纸制作技艺，指的是四川省乐山市夹江县传统的民间制纸技艺。2006年，竹纸制作技艺被列入第一批国家级非物质文化遗产名录。

夹江县的制纸历史悠久，被誉为"中国书画之乡"，手工造纸业作为当地乡村的特色支柱产业最早可以追溯到唐代中期，唐明皇入川时带入了大批工匠随从，其中用竹造纸的技术也被带到了川中。宋代，四川的竹纸制造技术得到很大程度的发展。至明清时期，夹江造纸业已经颇具规模，此时夹江的竹纸数量增多，品种丰富，有手工纸3个系列，共计50多个品种。①

---

① 孙林. 夹江竹纸文化研究［D］. 重庆：重庆师范大学，2015.

　　夹江竹纸的制作工艺非常繁复考究。首先精选夹江所产的嫩竹为主要原料，然后经过包括浸泡脱青、捶竹麻、酱竹麻、煮竹麻、洗料子、二次蒸煮、泼料子、抠料子、攀料打堆、石臼捣料、淘洗、漂白、打浆、抄纸、刷纸等从选料到成纸共有 15 个环节 72 道工序，最后产出的纸张质量优良。据《夹江县志》中记载："夹江国画纸有肌细、油嫩、铁板（绵韧）、洁白、做手（整选）五种特色，谓之'五齐皮'。"①

　　夹江竹纸洁白柔软、绵韧平整且不浸墨，深受广大文人雅士的喜爱，曾得到过"淡画不灰、淡泼浓、浓泼淡、诗有烟霞气，书兼龙虎姿"的赞美。明清时期，夹江竹纸曾被当作贡品进贡给朝廷，并且当时的科举考场用纸也是夹江竹纸。夹江竹纸在中国造纸业的历史上占有非常重要的地位。

　　夹江竹纸是川人就地取材的智慧和发明，是人们对生活的无限探索和发现，承载着川人的历史。

六、漆器髹饰

1. 成都漆艺

　　成都漆艺，指的是成都市内流传的传统民间用漆工艺，现在多留存于成都市青羊区一带。成都漆艺历史悠久，是我国最早的漆艺之一，又称卤漆。2006 年，成都漆艺被列入第一批国家级非物质文化遗产名录。

　　成都漆艺历史悠久，最早可以追溯到商周时期，金沙遗址出土的漆器残片，依然可以看到这些色彩斑斓的古漆器。秦汉时期，成都漆艺得到长足的进步。西汉时期，成都漆艺进行了技术革新，创造性地发明了针划填金法，以及用稠厚物质填成花纹的堆漆法等。当时的蜀郡、广汉郡一度成为全国漆器生产中心。至唐代成都漆艺

---

①　四川省夹江县编史修志委员会. 夹江县志［M］. 成都：四川人民出版社，1989.

发展到顶峰，或用稠漆堆塑成有凸起花纹的堆漆，或用贝壳裁切成物象、上施线雕并在漆面上镶嵌成纹成为螺钿漆，或用金银花片镶嵌而成做出金银平脱器等。明清时期，成都已经成为全国雕漆填彩漆器产地之一。到了现代，成都仍然与北京、福建、扬州、广东阳江共称为全国五大漆器之都。到了近现代，成都的漆工艺得到了很大的发展，据《成都市志·轻工业志》记载："漆器推出了旋转式攒盒、直径 40 厘米《百寿桃》大捧盒、高 1.5 米堆漆《游龙》大花瓶等。"①

成都漆艺的工序繁复考究，价值极高。首先成都漆艺以精选的纯天然生漆和实木为原料，然后经过雕填彩、雕填影花、雕锡丝光、拉刀针刻、隐花变涂等修饰工艺，精耕细作，耗时极长。其成品精美华丽、富贵典雅、光泽细润、图彩绚丽，既是庙堂之上以彰显华贵的奢侈品，又是寻常百姓家的日常生活用品。

2. 彝族漆器髹饰技艺

彝族漆器髹饰技艺，指的是流传于四川省凉山州喜德县境内的传统民间用漆工艺，是国家级非物质文化遗产之一。喜德县的彝族漆器髹饰技艺有 1700 多年的悠久历史，经历了从毫无装饰的粗制木制品，到用黑漆髹饰的各种漆器，再到后来运用生漆、银朱和石黄等制作精美的彩绘漆器，彝族漆器髹饰技艺经过历史的积淀得到了长足的进步。喜德县的彝族漆器在很大程度上折射出了彝族乡村人民赖以生存的乡村环境、独特的乡村生活与民风民俗，反映了凉山彝族村民长期以来积淀成的独具特色的审美观念和装饰特征。

现流传的彝族漆器髹饰技艺已经形成系统完备、用料考究的完整工艺了。首先选用优质杜鹃木、酸枝木、樟木等为原料，然后经过伐原木、干燥、打坯、打磨、补灰、水磨、打底、髹饰、清洗、阴干等 40 多道工序，产出造型奇特、绿色无毒、无异味、耐酸碱、

---

① 成都市地方志编纂委员会. 成都市志·轻工业志 ［M］. 成都：四川辞书出版社，2000.

耐高温、不变形的各种优质漆器，最后用黑漆为底色，用土漆、石黄、银朱3种天然颜料进行图案绘制，制成成品。其成品包括餐具、酒具、装饰品、建筑物等，是当地人们日常生活中不可或缺的重要组成部分，见图4-8。

图4-8　彝族漆器

彝族漆器髹饰成品，全程纯手工制作，耗时极长。但其产品精致美观，实用性强，不仅可以作为装饰品进行欣赏、收藏，也可以作为人们的日常生活用具来使用。

第五部分　丰富多彩的四川乡村社会民俗文化

　　民俗即民间风俗，是人类社会在历史发展过程中为满足群体生活需要而创造出来的习俗，它形成于特定的地域、时代、民族中，并不断地发展、传承、演变。[①] 民俗学家钟敬文教授指出，民俗是民族文化的基本形式，体现了一个国家或民族在长期的历史生活过程中所创造并传承的物质生活与精神生活风貌。[②] 四川是汉民族与西南少数民族杂居汇融之地，在漫长的岁月中，形成了地域特色浓郁、民族特色鲜明的民俗风情。

　　在巴蜀文化形成的同时，四川古代民俗也开始形成和发展。公元前316年，古巴蜀被秦朝所灭，巴蜀文化的发展虽然出现了断层，但秦王朝统一全国却带来了中原文化与巴蜀文化互相融合的契机。早在先秦时期，巴蜀文化已经开始接受中原文化与楚文化的影响。在秦以后，巴蜀文化与中原文化加速融合并获得新的发展。

　　秦王朝统治四川后，巴蜀地区出现大批移民，由此开始直到鸦片战争爆发，此间两千多年，外省向四川大规模移民共有5次，最多的一次是清代前期10余省的移民入川，以湖北、湖南移民最多，即今天所说的"湖广填四川"，这次移民前后长达100多年，移民人口多达100多万。

---

① 潘家德. 近代四川民俗变化研究［M］. 成都：四川大学出版社，2017.
② 钟敬文. 民俗学概论［M］. 上海：上海文艺出版社，1998.

大量的外省移民在不同时期从不同地点带着不同的任务和目的，也带着各地不同的地域文化进入四川，在适应四川环境的基础上与当地各民族文化相互碰撞交融，既有继承又有创新，形成了具有地域特色的四川文化，因而四川乡村的社会风俗也格外丰富多彩，出现了"十里不同风，百里不同俗"的情景，这是乡村居民们多年来自发形成、为大多数人所接受并自觉遵守的行为方式，也是人们在衣食住行、婚丧嫁娶、岁时节庆、生产生活等方面的行为规范。

复杂的地形，多样的气候，特殊的历史文化背景，形成了各地乡村不同的民风民俗，例如坐落于川西高原地区的乡村，它们拥有优质牧场，在那里形成了高原草甸的游牧习俗；坐落于高山峡谷、茂密丛林中的乡村，形成了狩猎习俗；坐落于川东丘陵地区的乡村，形成了旱地麦稷生产习俗；而成都、攀西平原及河谷地带是水稻产区，坐落于此的乡村则形成了精耕细作的稻作生产习俗；纵横四川境内的大江大河及星罗棋布的湖泊，生活在那里的人们则形成了淡水鱼养殖的习俗。

一、农业生产习俗

村落，在整个社会组织结构中，是一种生产、经济、行政、消费的基本单位。人们长期居住在同一地域之内，加之血缘、亲族以及邻里之间的友好相处和交往，在共同的生产、生活中建立了深厚的感情，也形成了各有特色的民风民俗。

1. 和谐乡村邻里，村规民约成规矩

四川乡村农户居住较为分散，多是单家独户，但村落集体观念很强烈，如村中婚丧嫁娶诸事全村的人都会主动帮忙。由村民们共同推举出的村务负责人，也常召集大家共同协商村中大小事务，制定和公布村规民约。

过去，村规民约普遍存在于各个村落中，对保护村民利益、维

护村落安定、建立公共道德、调节村落内部诸多关系等方面具有独特的作用。

乡规民约的内容大致可分为"应该做什么"和"不应该做什么"2种。例如,提倡遵纪守法、团结互助、尊敬老人;惩罚偷盗抢劫、破坏生产、不孝敬老人;各户轮流派人耕种村中共有土地,私人不得任意砍伐公有山林,要爱护公共水源卫生。违反村规民约视情节轻重给予处罚。

自贡市富顺县富世镇锁江村,近年来为了有效遏制村中不良现象和风俗习惯,通过2000多名村民自己表决后共同制定了村规民约,村民们遵规守约,村庄也呈现出更加和谐幸福的乡村新貌。

2. 农事习俗

蜀之农事始于杜宇。《华阳国志·蜀志》载:"有王曰杜宇,教民务农。"相传,杜宇死后化为杜鹃鸟,常飞来川西平原一带啼叫催耕,因此,在川西平原一带,农民把杜宇奉为农神,每到春耕季节,都要到川主庙祭祀杜君,之后才开始春耕。时至今日,民间仍然流传着"布谷催耕"的习俗和"布谷不叫不播种""布谷能知春秋"等农事谚语。

(1) 春倌说春

民谚道:"误了一年春,十年挣不伸。"可见,春天于农家而言有多么重要。每到春天,四川各地都会举行一系列祈求丰收的迎春活动。立春前后的川西平原,尤其是川北地区,人们常会看到一些手挂牛头拐杖、挨家串户送春帖、历书的"春倌",他们所送的春帖或历书上通常印有春牛图、农事节气及一些谚语。"春倌"每到一户都会编唱预祝风调雨顺、六畜兴旺的吉利唱词向主家道贺,如:"走了一家又一家,家家财主都不差。姑娘层层穿绸缎,相公件件穿罗纱。马吃枝头江边草,门外黄土变朱砂。主家洪福果然好,朱砂里面藏珠宝……"农家人非常喜欢"春倌"的到来,便纷纷拿出钱财或粮食作谢。此俗曰"春倌说春"。

四川巴州区枣林镇的阴灵山下牌坊村的春倌说春自隋唐以来沿

袭至今，其形式规模、参与人数之多，闻名于川东北地区，被人称为"说春窝窝"。

（2）迎春

迎春体现着万物更新、农事将始的"迎春"之俗，是中国一种古老的民俗活动。在四川这个农业生产相对发达的地区，乡村中的迎春习俗向来受到村民重视。现藏于绵竹年画馆的《迎春图》则是晚清绵竹县立春时节举办盛大迎春活动的真实再现。据载，旧时川西平原的知县（或县长）、官吏等行政长官每年都要参加迎春活动，他们事先必须斋戒沐浴，届时便穿戴好官服齐集县衙大堂，焚香迎春。待"春倌"手持写有"春"字的花牌向知县报春祈福后，人们便抬着纸扎芒神，与如真牛般大小、腹中事先放置稻草和数条小泥牛的纸扎春牛，在旗、锣、头牌的簇拥下由知县带队，前往迎春台迎春。迎春队伍庞大而且热闹，除官绅士商外，还有狮子、龙灯、戏班等表演，街道上观者如堵。

（3）开秧门

栽秧是春播时的重要环节。每年的小满、芒种，正是川西坝子农民们耕田插秧的季节。栽秧的第一天称为"开秧门"，主家要敬秧苗神与土地神，准备丰盛的酒食招待栽秧师傅，招待亲友邻居吃"栽秧酒"。有的地方"开秧门"时常要举行仪式：清晨，栽秧队伍敲着锣、打着鼓赶到田头，人们插彩色"秧旗"、吃糖果、喝白酒，唱祈祝丰收的民歌。栽秧非常注重技巧，民间有"栽弯一排秧，栽烂一块田"之说，届时，人们会推选一个栽秧技术好，身强体壮的人先下田"打线"，作为示范。待他栽过十多行后，人们才依次从行边下田跟着栽。集体栽秧时，常出现你争我赶的热闹场面。

成都市温江区万春镇和林村为传承川西独特的水稻耕种文化，自 2015 年来每年举行"成都开秧门农耕文化节"，温江农民通过传统的开秧门仪式，展现川西乡村农耕文化，开启一年新的希望。

（4）送"幺台酒"

在四川大部分乡村，每年栽秧时节，为了慰劳帮助自家栽秧的邻居好友，一到休息时，主人家就会派幺姑儿（最小的一个姑娘）

给栽秧者送去打尖的"幺台酒"。"幺台酒"是一日三餐之外的酒肉点心，以酒为主，一般以香肠、腊肉、盐蛋、皮蛋、花生米等为下酒菜，肉全都切得又大又厚。栽秧者若对送来的"幺台酒"满意，就会充满兴致地边饮边唱；若不满意，就会以"留田不栽"的方式来惩罚主家。

（5）栽秧歌

集体栽秧时，栽秧能手们为了鼓足干劲，常即兴编唱"栽秧歌"。清代时，《彭山竹枝词》云："十亩新畲五亩禾，彭门爱唱插秧歌。流泉初下斜阳晚，戴笠归来未脱蓑。"栽秧歌一般由1人领唱，众人和唱，如："太阳出来照山岩，大田栽秧排对排，要问我们忙的啥哟，为了粮食收成好来哟……"

（6）薅秧歌

薅秧歌民谚道："秧苗薅得嫩，胜于上道粪""苗里一根草，犹如毒蛇咬""三年不薅稗，搭起口袋走四外"。可见，薅草在田间管理中起着重要的作用。在四川广阔的水稻种植区，秧苗栽下后通常要薅草两三次，薅草时有的地区只用脚，有的地区用薅草耙，但必须认真，容不得丝毫马虎，只有做到"草死、田平、泥溶"，才会有利于稻苗的生长。四川民间向来有"薅秧不唱歌，田里稗子多"之说，因此，"薅秧歌"在四川乡村非常盛行，其内容多以颂扬生活为主。成都市简阳市的一些乡村中流行着类似这样的薅草歌："大田薅秧行对行，有对金鸡来歇凉，金鸡落在歌凉处，妹妹我的好情郎。"为了感谢神灵，祈求来年风和雨顺、五谷丰登，在广安，有的乡村还在每年薅秧结束后，请戏班子表演秧苗戏，那场面更是热闹。

（7）薅草锣鼓

坐落在丘陵和山区的乡村还流行着一种被称为"薅草锣鼓""薅草锣鼓歌"或"薅草打闹"的习俗，它与"薅秧歌"类似，每年薅二道苞谷草的时候，田间地头常会出现敲锣打鼓、唱歌助兴的场面。不少文人骚客对此都非常关注。大文豪苏东坡在《眉州远景楼》中就描述了宋代眉州四月"谷稚而草壮，耘者毕出，数十百人为曹。立表下漏，鸣鼓以致众。择其徒为众所畏信者二人，一人掌鼓，一人掌漏，进退作止，惟二人之听"的场景。

常见的薅草锣鼓班子由两人组成，一人敲锣，一人打鼓，行走在田埂或薅草队伍的前后，他们即"歌师"，亦称作"草先生"。作为歌唱能手，他们脑子灵活，边打边唱，现编现唱，堪称能人。薅草锣鼓多由歌头、扬歌、歌尾三部分组成，扬歌是整个歌曲的中心，歌头和歌尾均有固定的词牌套式，内容涉及农事、狩猎、生活、爱情等日常生活的众多方面。广元市青川县的一首薅草锣鼓歌唱道："早晨起来雾沉沉，雾雾沉沉不见人。东边一朵祥云起，西边一朵紫云腾。祥云起，紫云腾，锣鼓喧天上山岭。男女老少都上阵，坡上站的唱歌人。莫讲唱歌乱弹琴，薅草唱歌才起劲。"宣汉县的一首薅草锣鼓唱道"两脚软倒兮兮，周身莫得力；叫声伙计吔，快把烟来取……"薅草锣鼓的唱词地域特色浓郁，乡土气息扑鼻。

薅草锣鼓的歌声配以锣鼓伴奏高亢热烈，鼓声时轻时重，阴阳有致，韵律整齐一致，节奏感很强，具有很强的感染力和号召力，歌声响彻乡野，乡村原生态韵味悠长。薅草锣鼓除缓解疲劳外，它还能起到鼓励、监督、指导生产的作用。若看到有人薅草不仔细，歌师就会进行善意的批评："薅草莫薅吊喉咙，一场白雨又活了。这样哄过不要紧，庄稼孬了咋开交？"若看到有人掉队，歌师就会上前鼓劲："锣鼓越打声越响，山歌越唱心越亮。你追我赶不落后，追得太阳下山岗。"

2006年，川北薅草锣鼓经中华人民共和国国务院批准列入第一批国家级非物质文化遗产名录。

（8）守雀鸟

在庄稼地里扎立稻草人，是农家人驱赶鸟害时最为寻常的方法。稻草人五官分明、头戴草帽、两臂平伸，大多一手执蒲扇，一手握笋壳、棕叶等物，有的甚至还穿戴整齐。微风徐过，草人手中之物便轻轻摇晃、沙沙作响，令雀鸟不敢飞来啄食。此俗曰"守雀鸟"。别看小小一个稻草人，它在农事守护中却起到了非常重要的作用。生活在岷江上游一带的藏羌民族尤其离不开它。旧时，藏羌民族在播种青稞、玉米、荞麦等农作物时是将种子和肥料、泥灰等物混在一起随手撒播，播种后种子裸露在外，容易被雀鸟啄食，自扎稻草人驱赶鸟害的习俗在该地盛行以来，鸟害啄食庄稼的现象便得到了明显的好转。

（9）赶山守秋

与鸟害相比，野兽的入侵更令庄稼汉们头疼，于是出现了赶山守秋的习俗。坐落在山区的大部分乡村，原本产量就不高的庄稼时时都受到野兽捣毁的威胁。为了防御野猪、猴子、熊等动物，每年秋天，农民就会自发组织起一支"赶山"队伍，轮流到山里"守秋"。守秋的成员大多是当地身强体壮的年轻小伙，也有少量经验丰富的老人，他们带上猎狗、猎枪、牛角号、铜锣等徘徊于山间的耕地周围，驱赶野兽，守护庄稼。这些赶山的人常在大片庄稼地边缘或山林相接地带搭建起防御野兽的"寮棚"，亦称"野猎棚"。"寮棚"一般比较低矮，但为了更好地瞭望四周野兽出没的行踪，也建有少数高达几米的棚子，一般用几根木棒搭建成"人"字形的棚架，棚顶上铺有谷草、茅草等物，棚内设有简陋的床架，既能遮风避雨，又能躺卧休息。每晚，赶山人便聚集在棚内，或喝酒吃肉，或摆龙门阵，有时还会唱唱山歌，夜深时分，他们便轮流放哨值班，一旦发现有野兽入侵庄稼，值班者就会赶紧吹响牛角号，众人惊醒后一起敲锣打鼓、吹号鸣枪，把入侵的野兽吓得胆战心惊。

（10）秧苗会

每年农历六月初六，四川各地还要举行"秧苗会"，亦称"土地会""青苗土地会"。届时，各乡农民均预先备好香烛、祭品（雄鸡、刀头、酒等）赶至土地庙祭祀土地神。主持土地会的道士边走边念咒语，在每一处田边地角都插上挂有黄纸与灵符的竹棍，民间称为"打秧保符"。据说，蝗虫归土地神管，因此人们认为通过"打秧保符"，庄稼地里的蝗虫都会望风而逃，秧苗便会在神灵的保佑下苗壮生长。在绵竹县，为了感谢神灵，"秧苗会"期间，农家还会筹钱请戏班唱戏，酬劳土地神，以祈望庄稼获得好收成。如今看来，这都是具有一定迷信色彩的行为。

二、人生礼仪习俗

诞生、成长、死亡是每个人在一生中都要经过的生命历程。人生礼仪习俗就是指在人生命历程的重要阶段中所举行的与之相应的仪式和礼节，如诞生礼、婚礼、葬礼等，这些礼仪伴随着每个人度过自己的一生，每举行一种仪式，就意味着将要开始一段新的人生阶段。四川乡村的人生礼仪习俗有着丰富的内涵，直接反映了乡村居民们在生产生活中约定俗成的各种行为规范和生活面貌，是四川乡村人民创造的古老的民间文化，是整个四川乡村文化的基础。

1. 诞生礼仪

俗话说："不孝有三，无后为大。"这句旧时的古训道出了民间老百姓的普遍心态，生子传宗接代继承家业，乃是第一大孝。生活在四川乡村的老百姓们也不例外，人们以多子多福为荣，称儿孙满堂为"有福"。人们常说："早生贵子早享福"，在这种观念的影响下，四川乡村民间逐渐形成了各种各样的祈子和诞辰的习俗。

（1）祈子习俗

人们祈求神灵，盼望早日赐予贵子的现象，在四川乡村民间中都有表现，祈求的方式也是多种多样。

拴童子 旧时民间传说"送子娘娘"是东岳大帝的妻子，主管人间生育。与其他诸神不同，四川民间少有专门供奉她的神庙，一般都陪祀于其他庙宇的神龛中。"送子娘娘"往往被雕塑成慈眉善目的妇女，面色红润，双手抱着一个白白胖胖的婴儿，周围聚集了360个童子，具有向人间送子的寓意。

来庙里求子的妇女在进香之后，就会跪在"送子娘娘"面前，诉说自己求子的心愿，之后就用一根红线拴住自己最满意的童子，嘴里还念念有词，说着"乖宝宝，跟妈妈回家"之类的话，乡村民间称为"拴童子"。

农历二月二十，川西一带盛行一年一度的求子庙会，当地人称为"娘娘会"。人们从四面八方赶来，到当地的东岳庙烧香求子，热闹非凡。"娘娘会"结束后，人们要把东岳大帝和送子娘娘的木偶神像抬出去巡行，以示信众的虔诚。

抢童子　在所有的求子习俗中，最热闹的要数每年农历三月三乡村民间举行的"抢童子"活动了，因为这天正好是送子娘娘的生日。在四川简阳、龙泉驿、双流、新津、郫都、彭山、金堂等地都有"抢童子"的习俗，其中尤以成都洛带燃灯寺庙会"抢童子"为代表，又俗称"童子会"。

在洛带，"童子会"是一项非常隆重的群体活动。"童子会"前，当地村民将在燃灯寺的高台上搭1个戏台，选中年妇女1名，扮送子娘娘。当日，台下人山人海，争睹童子归宿。酬神戏演出完毕，便锣鼓猛敲，送子娘娘出到台前，台下众人齐声喝彩，各家抢手跃跃欲试。12个童子用红绸束腰，由专人用大托盘捧至娘娘跟前。娘娘持之在手，笑向台下致语"抢童子，生贵子；母享福，一辈子"后便竭力远远掷下。台下顿时鼎沸，各家抢手奋勇争先，蜂拥拼抢。抢到"童子"的，就会于当晚张灯结彩，敲锣打鼓地把"童子"送到没有孩子的亲戚朋友家里。接受"童子"的夫妇会恭敬虔诚地出迎"童子"，放在神龛上供奉起来。

（2）诞生礼习俗

拉保保　川西民间有句俗话"拜个好保保，平安活到老"，说的是一个很有特色的习俗："拉保保"。"保保"就是"干爹""干妈"的意思，顾名思义，"拉保保"就是"认干爹""认干妈"，也就是给小孩认一个属相匹配的长辈，让小孩多一个人保护，以求消灾免祸，顺利成长。

"拉保保"这个习俗由来已久，在四川民间极为盛行。每年农历正月十六，广汉市还要举行盛大的"保保节"。"拉保保"这项活动最让人忍俊不禁的就在这个"拉"上。这种略带强迫性的"拉"，正是"保保节"热闹的原因之一。小孩的父母会雇人在"保保节"上挑选颇有福相的中年男子。男子一旦被选中，就会被"拉保保"

的扣上小孩戴的猪头帽。如果这男子属相与小孩相配，愿意给小孩当"保保"，就会被要求给"干女儿"或"干儿子"取一个小名，干亲家双方互赠礼物。有的礼毕之后就各自分开，也有的后来真的认作干亲戚，长久往来。

在成都市新津区，这种"拉保保"的习俗叫"撞门关"。经算命先生算卦，父母带上小孩，按照算命先生的指点，到指定的地点，准备好酒菜，摆好香烛等候，等到的第一个成年人就被认成"保保"，只要属相相配，"保保"们都会应允的。

2. 婚俗

人类要繁衍，家族要延续，最后都要通过婚姻来完成，婚姻礼仪也因此被看成家族和个人的一件大事而变得隆重、多彩。旧时四川乡村婚姻实行封建婚姻，男婚女嫁决定于"父母之命，媒妁之言"，这种观念也影响了四川乡村民间的婚俗习惯。现在很多地方很多人已不再按照此婚俗结婚。

（1）四川乡村结婚流程

说媒　虽说现在新时代四川乡村男女大多是自由恋爱而结合，但是受到传统观念的影响，四川一些乡村百姓还是习惯由媒人做媒来撮合男女。一般都是男方家长找媒人给自己儿子说媒，做媒的也多是熟悉的亲戚朋友。在媒人成功撮合男女后，男方家长通常需要给媒人红包以表示感谢。

相亲　经过媒人的介绍，男女双方产生好感后并不能决定是否订婚，还需要进行简单的"相亲"和一次相互拜访。这时男女双方通常会约定一个时间在集市中见一面，如果双方感觉对方都还不错，那么接下来女方会在家长的陪同下先到男方家拜访。此次拜访女方并不购置礼物，而是直接拜访。

若女方拜访后双方仍然对对方满意，则第二天男方会回访女方家，但与女方拜访不同的是，男方并不需要父母或亲友的陪同，而是单独前往并且通常需要准备红包以及礼物。拜访当天，女方家会宴请亲戚，再次考察男方为人处世等。如果女方不再接受男方，则女方家庭不会接受此次拜访的礼物。

定亲 相亲后双方都对对方满意，这时就要将男方、女方的生辰八字交由算命大师合庚（即"合八字"）。等到一切都算好后，就可以准备婚礼了。首先是定亲期，双方要找算命大师来选个良辰吉日。有的地区还要先吃定亲酒，目的是让附近的乡亲邻居都了解这场婚事。通常由女方选定日子，男家备办定亲酒。有钱人家还要送给女方金银饰品、玉器玩物等，女方则回赠男方鞋帽、衣料等物，同时双方还要写好请帖期待婚期来临。

女方将陪奁送去男家，陪奁等于嫁妆，至今四川一些乡村依照旧俗，在新娘出嫁时，娘家要准备嫁妆，包括柜子、桌子、椅子等部分家具和床上用品。

婚礼 在请"看期人"选定了黄道吉日后，即择定了婚期。择定婚期后，男方则开始准备婚礼的相关物品。

婚礼前一天，男方需要备齐彩礼送给女方家长，这叫"过礼"。这天晚上，男方前往女方家中并送上彩礼，同时会带上几个壮汉来帮忙搬运陪嫁物品以及两个姑娘来迎接新娘，称为"接亲客"，女方家在这晚会宴请亲戚，叫吃"嫁女酒"，有的地区，女方的亲朋好友还要为女方唱"嫁歌"，也叫"座堂歌"。女方家长准备的陪嫁常常为"两铺两帐"，也有女方家庭经济条件好的会准备更多的陪嫁物品。

婚期这天也叫"正酒"，婚礼当天上午，男女双方及家人会给菩萨上香，也会祭祖。通常由媒人主持新人拜堂：一拜天地，二拜高堂，夫妻对拜。有时晚上还会进行闹洞房的活动，至此婚礼当天的活动结束。

婚礼的第二天，依旧还会有一顿宴席来宴请乡邻和亲友，然后送走"送亲客"以及新娘的哥哥嫂嫂等。此时婚礼结束，还需要向媒人表达谢意。

婚礼后的第三天，妻子在丈夫的陪同下回到娘家看望父母，称"回门"，夫妻会为女方父母带一些礼物，并在父母家中吃过饭后便返回家中。至此，整个婚嫁过程全部结束，夫妻进入正常的生活。

（2）四川乡村婚俗

传袋　寓意为"传代"，即新郎家用袋子铺在地上，新娘进门后便走在袋子上，新娘走过的地方又将袋子迅速传到前面铺上，传得越多象征着将来的日子越幸福美满。

撒谷豆及掀盖头　新人手牵红绣球跨过门槛时，由伴郎、伴娘在门口撒下五谷或花生、红枣等，象征着婚姻幸福、早生贵子。

金盆洗手并祈福　伴郎、伴娘一人手端一个洗手盆，新人在洗手盆中清洗干净双手后擦干，之后新郎、新娘面向所有的宾客，手执纸灯祈福。

交换信物　新郎、新娘互相交换戒指，代表着情定终身。

拜堂　由专人主持，一拜天地，二拜父母，夫妻对拜！以此表明二人已经正式成为夫妻，二人需要互相扶持，白头偕老。

合酒　新郎、新娘各执酒杯，相对饮酒。酒杯以红线连接，代表新人通过婚姻连为一体；合之则一，代表虽为两人，但是心在一起，需要互相理解，互相支持，始终齐心协力，创造幸福的明天。

花好月圆　切蛋糕，代表家庭团圆、和睦。

结发　伴郎将新郎的部分头发剪下，伴娘将新娘的部分头发剪下，然后交缠在一起置于荷包内，寓意为"结发夫妻"。

抛绣球　在上述各个流程完成之后，邀请宾客参与到该环节中，即让他们在新娘的后方位置集合，然后由新娘向后抛出绣球，抢到绣球者就会有好运。

3. 葬俗

人，有生必有死，人之逝世，居丧哀悼，由于受到宗教、文化等观念的影响，旧时民间，人们对死亡的认识是灵魂与肉体的分离，灵魂不仅不灭，而且能保佑子孙后代，给死亡添上了神秘的色彩，使丧葬礼俗隆重而烦冗。随着时代的变化，现今大部分农村地区的丧葬礼俗虽不像旧时那样烦琐，但依然严肃隆重。四川乡村分布广，人口众多，因此丧葬习俗又因地而异，但大体内容基本一致。

（1）候夜

即在长辈病重时，所有的子女应该守候在身边，以报答养育之恩。

（2）送终

人"落气"后要烧纸绽之类的物品，一般称作"烧落地纸"。部分人家则会请道士做法，在念经过程中为逝者更换服饰。此外，在有的地区，家人还要将钱放置在逝者的口中，被称为"含口钱"。

（3）落地

更换好逝者的服饰之后，需要将逝者从床上移下来，放在预先准备好的铺板上，即为"落地"。在落地完成后需要将一张纸放置在逝者的脸部，同时用被单包裹遗体。将烧有香的碗放置在遗体附近，点亮油灯。部分地区则是在遗体旁边放置一碗饭，其中插上三炷香。

（4）报丧

人过世后，先是向亲友报丧，在农村，由家中的人分头去亲友家报丧，或以某种形式，如讣告等，告知街坊邻居。在川南地区，有的乡村则是在人走了后，就立即到院子里把早已准备好的鞭炮放出去，让周围邻居知道。

（5）戴孝

死者为长辈的话，其全家大小都要戴孝，并且外地的亲属应该在短时间内回家服丧，一定时间内禁忌穿红衣等，也不能参加各种形式的宴会。

（6）落材

晚上亲人们将遗体从铺板上移至棺材中，即为"落材"，在此过程中所有的家属都需要执燃香相送。

（7）封材

去世次日封材。如果有子女在外地没有第一时间赶回，则应该在封材之后赶回，此时属于与逝者相见的最后一面，所有家属需要围着棺材绕圈。然后将亲友相送的殉葬物放置在棺材中，并细念所送的物品以及相送者。在结束之后"盖棺死钉"，最后将棉纸糊在棺材外部。

（8）立孝堂

横向摆放棺材，并将白布帘搭在棺材上，即表示"孝堂"或"灵堂"。普通人家最多5天即需要出殡，而部分人家则会放置49天。如果有亲友前来祭奠，则家属需要陪哭或者磕头。在每日三餐时，需要在棺材前呈贡饭菜。

（9）做道场

立孝堂之后，一般需要邀请道士超度亡灵。家属则需穿孝服，随着道士的超度而行跪拜之礼。

（10）做七

在逝者去世七天时称作"头七"，在不同的地区有不同的做七仪式，有的是在"三七"，有的是在"七七"。部分人家往往会花钱邀请道士做法进行超度，而有些人家则直接采用烧纸以及跪拜的方式进行祭奠，也被称作"烧七"。

（11）出殡

出殡是将逝者送到墓地的过程，是葬礼中最隆重的仪式，一般由专门的礼生主持，安排出殡程序、排列送葬队形、确定抬棺人选等。一般需要由孝子披麻戴孝扶棺，而其他亲友跟随，人数不一，途中鼓乐相奏。部分人家的出殡仪式更为隆重，亲友数目更多，因此根据出殡的人数可以反映出逝者的家庭情况以及社会地位等。出殡途中还有"路祭"等。

（12）安葬

将棺材抬到墓地，抬棺人获得逝者家属赠送的红包之后，方可将绳索打开，因此红包也被称作"解索钱"。家属需要围绕着棺材转圈，同时将抓取的土撒在棺材上，即为"盘丧"。有的乡村孝子抱住棺材痛哭，表示不舍得逝者离开。亡者入土为安。在家属回家之后，需要特意跨过门口的火堆，代表将污秽去除。

（13）点主

主要是在逝者的牌位之前吹奏哀乐，地方有名之士用朱笔在死者牌位上的"王"字点一点，在点主完成后，将牌位送入祠堂中。

（14）圆坟

在逝者葬后三天，家属需要到坟上添土、烧纸等，即"圆坟"。需要绕着坟墓哭绕三圈，结束后方可离开。

三、节日习俗

四川分布着众多的乡村，虽然生产生活方式千差万别，但在中国传统节日中，如春节、端午节、中秋节等过节习俗与全国其他地区大同小异。不过在千百年来的发展中，四川乡村也逐渐形成了一些独具地方特色、民族特色的传统节庆，这些特色节日习俗为我们展示了一幅幅丰富多彩的四川乡村文化画卷。由于受到不同地理环境、人文历史的影响，这类习俗地区差异较大，这里我们重点列举一些具有区域性和特色性的节日进行介绍。

四川历来以农耕为主，因而在传统节日中，这类的节日较多，农事节日除了单纯的以二十四节气为主的农事活动节日外，还有带祭祀性的农事节日，其中最具有四川乡村特色的节日有以下几个。

1. 农事性节日

立春节 农历正月十四，主要活动有祀句芒、打春牛，而"打春牛"的目的在于唤醒冬闲的耕牛，"示催耕之意"，并寄托人们对丰收的期盼。

龙抬头 农历二月初二，祭祀龙神，又称为"青龙节"或者"龙头节"，四川民间与全国其他地区一样有剃龙头的习俗。除此之外，在川北地区还流传着"二月二，龙抬头，虫脚蚂蚁往外流"的说法。受此影响，有的乡村为了驱虫还有在房子里撒灰的习俗，以驱除蝎子、毒蛇以及蜈蚣等毒物。

土地节 农历二月初二，这一节日以祭祀农业生产保护神——土地神为主，虽然其信仰的色彩较浓厚，但仍旧与农耕生产联系紧密。

蚕神节 农历九月十五，这一节日主要兴盛于栽桑养蚕发达的地区，在川西地区的眉山、彭山、夹江、大邑等地以及川东北一带的阆中等地均有此习俗。节日祭祀的时间各地有所不同，多见于农历正月十五。四川盐亭，祭祀蚕神节的时间是农历九月十五，此日所有的乡民需要对先蚕嫘祖进行祭祀，但是祭祀的形式多种多样，包括舞蚕龙、点天灯以及其他类型的祭祀活动，以此感恩。

牛王节 旧俗以农历十月初一为"牛王诞"，于是在这一天祭祀牛王。此习俗流行于川西平原和川南地区乡村，影响较大的是四川省泸州市叙永县水潦彝族乡海涯彝寨，在这里牛王节已有400多年历史，乡亲们通过集体祭牛神、现场打糍粑喂牛、牵牛照镜子、"膘肥体壮"牛赛等活动，庆贺五谷丰登、六畜兴旺、丰衣足食。

冬至节 在诸多的农事节日中，从古至今乡村百姓较为重视的还有冬至节。从冬至开始，太阳北移，阳气转升，预示着寒冷的季节将要到极致，对于农民来说，冬至开始了，也就有忙不完的农活了。相传在冬至这一天耕田，就可以把草根永远地除掉，因此，这一天又叫"草王会"。节日里大家相互拜贺，并"宰猪祭祖"，同时最为流行的还有吃羊肉的习俗，因为冬至过后天气进入最冷的时期，民间有冬至要进补的习俗，而羊肉营养价值高，具有补体的功效。

2. 祭祀性节日

在四川乡村中，祭祀性节日主要以供献天地、祭祀祖先亡灵、祭祀神灵、驱邪避瘟等信仰习俗为主要内容，即使是乡村农事节日有时也含有祭祀内容。

放水节 放水节源自"祀水"。在修建都江堰之前，由于沿江两岸时常发生水涝灾害，不仅影响农作物的生长，而且对于当地乡民形成了巨大的安全威胁，当地人便用"祀水"等方式祈求保佑。而在李冰等人修建都江堰之后，这一形势得到了明显的改观，水害逐步减少，此时乡民开始"祀李冰"，并且在岷江东岸、玉垒关侧背修建了二王庙，庙里除了给李冰父子塑像立位外，还把李冰当年治水之要诀"深淘滩、低作堰""遇弯截角，逢正抽心"刻石立碑，以勉后人。每年春天对都江堰进行一年一度例行的岁修后，都要在清明这天举行隆重的祭祀活动，并于公元 978 年正式将其定为"放水节"，后来相继更改为"祀水节"等称谓，最终又改回"放水节"。放水节作为川西地区最为重要的节日之一，在多个方面堪比春节，当地民众会在节日时自发参与其中。

女儿节 四川广元北接秦岭、南及剑门，旁临嘉陵江，号称"川北门户"。在这里，诞生了中国历史上唯一的女皇帝——武则天。农历正月二十三是武则天的生日，武则天称帝后，治国有方，政绩非凡，这使得家乡的乡亲倍感骄傲，遂定每年农历正月二十三为"武则天会期"，届时，人们要到供奉武则天塑像的皇泽寺、则天坝等地烧香叩头，祭拜女皇，求女皇保佑平安幸福，而后便是游"河湾"的庆祝活动。参加游河湾者以妇女居多，他们梳妆打扮，呼朋引伴，沿江畅游，自由自在。这一天，妇女们不劳动、不做饭，想怎么清闲就怎么清闲，想怎么玩都行。上至则天坝，下至塔山湾、河湾场，到处都是游玩的妇女。广元有一句俗话："正月二十三，妇女游河湾"。

现在广元的女儿节定为阳历 9 月 1 日，其场面更加宏大，氛围热烈，除了保持着传统的游河湾、观戏活动以外，还增加了对山歌、演讲、摄影、选美、乘凤船以及其他各种游艺活动。女儿节当天，还要举行规模宏大的彩车游行活动，队伍由数千名妇女和上百辆彩车组成，场面十分壮观。虽然现代的女儿节已经削弱了祭祀武则天的传统意义，但是广元女儿节的独特魅力，仍然引得了国内外很多妇女团体慕名而来，表现出当地乡村文化的巨大魅力。

游百病 旧时，四川成都人习惯于农历正月十六游城墙，据传，这样可免生百病，故俗称"游百病"。这天，正如《成都通览》所载："十六日，游百病（周游城垣），夜放花炮，过厚脸年。"游人之中多是妇女，对此，有不少的诗词做过描述，如一首《竹枝词》写道：

说游百病免生疮，带崽拖娃更着忙；

过了大年刚十六，大家邀约上城墙。

虽如今城墙已不复存，上城墙"游百病"的习俗在成都也已不复见，但是在四川阆中，这一习俗被很好地保留了下来。每年农历正月十六这天，阆中古城万人空巷。一大早，大人让小孩穿上新衣，戴上新帽，一家人吃过汤圆，把备好的食物、饮料、瓜果、糕点带上出门，或扶老携幼，或呼朋引伴，前往选定的高山、河湾，城郊的白塔山、锦屏山和玉台山，从早上到傍晚，都是人潮涌动、摩肩接踵。

"游百病"的盛况，在阆中古已有之。据清咸丰年间《阆中县志》记载："上元后一日，锦屏山游人如蚁，谓之游百病。"最早的"游百病"主要是妇女在正月十六的晚上外出游走，以此保佑身体健康。

随着时代的不断发展，人们的观念也不断变化，"游百病"的含义有了更多丰富的内涵。在元宵节结束后的次日，人们往往会选择出门登高，可谓一次全民户外健身运动。此外还有"低碳骑行游百病"的自行车环城活动。

娘娘会 通常在农历二月二十二举行，是民间风俗，流行于川西一带，是一种向神求子的庙会。相传东岳大帝有妻妾3人，主管人间生育，人称"三婆娘娘"或"子孙娘娘"。人们每年来庙集会、进香，称"娘娘会"。届时，人们前往当地东岳庙，特别是艰嗣之家在上一年"童子会"上得到木刻童子后应验的，要来谢神。多年不育的则会前来求子，会上举行各种各样的文化活动，包括演戏娱神等。会后，则会将"三婆娘娘"的木偶等抬出驾游。

梓潼庙会 又称梓潼大庙庙会，主要流行于四川梓潼县一带。旧时每年农历二月和八月的初一至十五先后举办两次。20世纪80年代以来，该习俗重新流传，活动内容在继承传统的基础上，以观赏和参加有益于身心健康的文娱活动及旅游观光为主。

春社踩桥 流行于四川绵阳安州一带的大型踏青闹春等民俗活动吸引了较多人的关注，主要是在每年的春社日（即立春后第5个戊日，又叫逢社）举行。该活动具有悠久的历史，已经举行超过

200 多年。所踩之桥名叫太平桥，当地人又叫雎水大拱桥，位于绵阳市安州区雎水镇，是一座被誉为"川西之冠"的巨型单孔弧形石拱桥。当地村民认为踩桥能弃秽，去除自身的霉运，从而为自己带来好运，反映了当地民众对于美好生活的追求和向往。

3. 社交、游乐节日

花会节　早在五代十国时期，成都便是一座繁花似锦的城市。后蜀主孟昶钟爱芙蓉花，便下令在成都遍种芙蓉花。每到深秋，芙蓉盛开，色彩艳丽，阳光下的锦官城四十里如花海，因此成都又叫"蓉城"。在唐宋时期，成都周围一带就有了花朝节；明清之际，成都的花会节规模进一步扩大，到了民国初年被称为"赶花会"，成了农历二月四川人民重要的民间游乐活动。

到了现代，四川的花会节已不再只是集中在成都，而是向成都中心扩散，流行于成都周边乡村，如龙泉桃花节、崇州赏花节等。

龙泉桃花节　龙泉驿是闻名全国的花果山和风景名胜区，素以"四时花不断，八节佳果香"著称。每到三月，龙泉漫山遍野，桃花梨花争先盛开，使得初春的龙泉分外美丽，风景如画。1987 年，龙泉驿区举办首届桃花会一直延续至今，核心赏花区是在龙泉驿桃花故里，尤其是其中的桃花诗村，该村刊刻了多种形式的诗歌，收录的桃花诗歌达到了 200 首。很多民间艺人积极参与到诗歌创作中，形成了较多脍炙人口的民俗诗歌，通俗易懂，朗朗上口。

崇州赏花节　从 2013 年开始，"自驾赏花节"成为崇州每年的重要节日，持续 3 个月，一般是春暖花开的三月到五月，各种花草生机勃勃，包括人们喜爱的红梅花、紫薇花等。赏花的地点主要是在街子、文井江等多个乡镇，很多地区的游客会驾车前往，在旅行的同时欣赏到绝美的风景。

自贡灯会　四川灯会全国闻名，每到过年，成都、自贡、绵阳、宜宾等地都纷纷在公园内举办灯会，各有风采。其中，以自贡灯会规模最大。

1964 年，自贡组织了新中国首届灯会，从此自贡灯会不断发展壮大，逐渐形成了自贡灯会的独特艺术风格，被誉为"天下第一灯"。

自贡灯会以规模宏大著称，灯会每年都要组织上百组大中型灯组和数千盏工艺灯展出，规模壮观，气势恢宏，如"荷花仙子""鱼美人戏群龙""群龙戏水"等水上灯组让人叹为观止。自贡灯会在造型构思和制作工艺上追求创新，如用蚕茧制作蚕茧灯、用瓷器餐具制作瓷器灯、用细竹篾制成竹编灯、用废旧的瓶子制成光彩照人的孔雀灯、金鹿灯……自贡灯会在保留民间纸扎工艺的基础上，还引进了现代光电、激光、多媒体等技术，融"形、色、光、动、声"为一体，美轮美奂，炫目多彩。在各种彩灯的造型中，恐龙灯组是必不可少且最具特色和魅力的，也应和了自贡"恐龙之乡"的美誉。自贡灯会是四川闹元宵看花灯的重头戏。唐宋年间便有了新年赏灯的习俗，明清时期更进一步发展，每逢节日，各类祠堂、寺庙便要上灯，元宵节还要放烟花，点鞭炮。

后 记

一座有历史文化遗迹的乡村，往往就是一个社会和一段历史的缩影。四川乡村是乡村历史、文化、自然遗产的活化石和博物馆。在撰写本书的过程中，我们有很多感慨，虽然城市化进程正在加快，但是分布在四川各个地方的乡村至今仍然是具有活力的社会有机体，生生不息，薪火相传。传统村落带有鲜明的历史文化烙印，因此乡村文化便承载了这一个地区甚至一个民族的记忆，是四川人民的心灵家园和精神寄托。

随着乡村振兴战略的提出，对乡村文化的建设与传承更加受到关注。这本《四川美丽乡村文化记忆》的编印历时一年半的时间，课题组多次长途跋涉到四川一些乡村去实地调研，希望广大读者跟随我们的图片及介绍，一一去体会四川乡村的文化魅力，希望有更多人了解四川乡村文化，守护并传承延续乡村文化，留住美丽乡愁，加强四川人民对四川文化的认同感和归属感，为乡村振兴提供精神支持和道德滋养。

本书由智凌燕老师负责策划统筹、制订编写思路和完成主要编写工作，研究生张新柱承担了第一、二、三、四、五部分编写工作。在编写过程中，参考了很多前辈的研究成果，同时获得了较多同仁的指导和帮助，对此表示衷心的感谢！

由于笔者的水平和时间所限，对四川美丽乡村文化的介绍还不够全面，挂一漏万，有的内容是点到为止，不够深入，希望广大读者批评指正。

编　者

2022 年 10 月 28 日